Torsten Linke
Sexualität und Familie

Die Reihe »Angewandte Sexualwissenschaft« sucht den Dialog: Sie ist interdisziplinär angelegt und zielt insbesondere auf die Verbindung von Theorie und Praxis. Vertreter_innen aus wissenschaftlichen Institutionen und aus Praxisprojekten wie Beratungsstellen und Selbstorganisationen kommen auf Augenhöhe miteinander ins Gespräch. Auf diese Weise sollen die bisher oft langwierigen Transferprozesse verringert werden, durch die praktische Erfahrungen erst spät in wissenschaftlichen Institutionen Eingang finden. Gleichzeitig kann die Wissenschaft so zur Fundierung und Kontextualisierung neuer Konzepte beitragen.

Der Reihe liegt ein positives Verständnis von Sexualität zugrunde. Der Fokus liegt auf der Frage, wie ein selbstbestimmter und wertschätzender Umgang mit Geschlecht und Sexualität in der Gesellschaft gefördert werden kann. Sexualität wird dabei in ihrer Eingebundenheit in gesellschaftliche Zusammenhänge betrachtet: In der modernen bürgerlichen Gesellschaft ist sie ein Lebensbereich, in dem sich Geschlechter-, Klassen- und rassistische Verhältnisse sowie weltanschauliche Vorgaben – oft konflikthaft – verschränken. Zugleich erfolgen hier Aushandlungen über die offene und Vielfalt akzeptierende Fortentwicklung der Gesellschaft.

BAND 1

Angewandte Sexualwissenschaft
Herausgegeben von Ulrike Busch, Harald Stumpe,
Heinz-Jürgen Voß und Konrad Weller,
Institut für Angewandte Sexualwissenschaft
an der Hochschule Merseburg

Torsten Linke

Sexualität und Familie

Möglichkeiten sexueller Bildung im Rahmen erzieherischer Hilfen

Psychosozial-Verlag

Bibliografische Information der Deutschen Nationalbibliothek
Die Deutsche Nationalbibliothek verzeichnet diese Publikation
in der Deutschen Nationalbibliografie;
detaillierte bibliografische Daten sind im Internet
über http://dnb.d-nb.de abrufbar.

Originalausgabe
© 2015 Psychosozial-Verlag
Walltorstr. 10, D-35390 Gießen
Fon: 06 41 - 96 99 78 - 18; Fax: 06 41 - 96 99 78 - 19
E-Mail: info@psychosozial-verlag.de
www.psychosozial-verlag.de
Alle Rechte vorbehalten.
Kein Teil des Werkes darf in irgendeiner Form
(durch Fotografie, Mikrofilm oder andere Verfahren)
ohne schriftliche Genehmigung des Verlages reproduziert
oder unter Verwendung elektronischer Systeme
verarbeitet, vervielfältigt oder verbreitet werden.
Umschlagabbildung: Robert Delaunay: »Rhythm, Joy of Life«, 1930
Umschlaggestaltung: Hanspeter Ludwig, Wetzlar
www.imaginary-world.de
Lektorat: Salih Alexander Wolter
Satz: metiTEC-Software, me-ti GmbH, Berlin
Druck: CPI books GmbH, Leck
Printed in Germany

ISBN 978-3-8379-2468-8

Inhalt

	Danksagung	7
	Einleitung	9
1	**Sexualkultur**	13
2	**Sozialisation und Familie**	17
2.1	Sozialisation	17
2.2	Sozialisationsinstanz Familie	23
2.3	Bedeutung weiterer Sozialisationsinstanzen und -bedingungen	28
2.4	Institutionen der Kinder- und Jugendhilfe	37
3	**Sexualität und Familie**	51
3.1	Sexuelle Entwicklung und familiärer Umgang – kindliche Sexualität	51
3.2	Pubertät und Postpubertät – aktuelle Entwicklungen	57
3.3	Sexualisierte Gewalt	60

4	**Sexualität und Familie –**	
	aktuelle Ergebnisse der Studie	
	Jugendsexualität 2013	65
4.1	Eine Zwischenbilanz	65
4.2	Beschreibung der Studie PARTNER 4	69
4.3	Familiäre Herkunftsbedingungen	73
4.4	Einstellungen zu Sexualität	79
4.5	Sexuelles Verhalten	83
4.6	Wissen über Sexualität und Mediennutzung	85
4.7	Sexuelle Belästigungen, Übergriffe und sexualisierte Gewalt	87
4.8	Zusammenfassung der Ergebnisse aus der Studie PARTNER 4	89
5	**Ausblick für die Praxis der sexuellen Bildung und Beratung**	95
	Quellen	101

Danksagung

Ich möchte als Autor allen Menschen danken, die mich bei der Realisierung dieses Buches unterstützt haben. Einige davon seien hier namentlich erwähnt.

An erster Stelle danke ich meiner Familie für die Unterstützung, Geduld und die Freiräume.

Mein besonderer Dank gilt auch Heinz Jürgen Voß und Salih Alexander Wolter für ihre Unterstützung bei der Fertigstellung des Buches und ihre konstruktive Kritik in dieser Phase. Weiter möchte ich Konrad Weller für die Unterstützung und Zusammenarbeit in den letzten Jahren ganz herzlich danken, insbesondere für die Möglichkeit der Mitarbeit an der Durchführung und Auswertung sowie der Verwendung von Ergebnissen der Studie PARTNER 4 – Jugendsexualität 2013. Harald Stumpe und Ulrike Busch gilt ebenfalls mein herzlicher Dank für die Begleitung in den letzten Jahren und ihre Arbeit in und außerhalb der Hochschule Merseburg, die mich motivierte und inspirierte. Dem Vorstand und dem Team der ambulanten Hilfe des FINK e.V. Leipzig schulde ich Dank für zahlreiche Jahre der gemeinsamen Arbeit und die dadurch möglich gewordene vielfältige Praxiserfahrung. Schließlich bedanke ich mich bei Timo Groß, Rocco Thiere, Gustav Bathke und Katja Krolzik-Matthei, die auf unterschiedliche Weise wichtige Beiträge zur Entstehung des Buches geleistet haben.

Leipzig im Sommer 2014
Torsten Linke

Einleitung

Warum sollte sich die Soziale Arbeit für Sexualität, speziell die familiäre Sexualkultur interessieren?

Soziale Arbeit hat viele Aufträge: soziale, kulturelle und ökonomische. Sie soll die Teilhabe von Menschen in diesen Bereichen sichern, weshalb ihr auch ein außerschulischer Bildungsauftrag zukommt, um diese Teilhabe zu ermöglichen. Sie versteht sich als Menschenrechtsprofession[1] (vgl. DBSH, 2009, S. 1f., 7–9, 22, online) und erhebt den Anspruch, Menschen zu einer selbstbestimmten Lebensweise zu motivieren und zu befähigen. Diese Ambition ist für die Profession Soziale Arbeit ganzheitlich zu verstehen. Speziell jedoch im Hinblick auf das Verhältnis zu sexuellen Themen und zum Umgang damit ist die Profession in sich gespalten.

Die Institutionen der Sozialen Arbeit, zum Beispiel die Kinder- und Jugendhilfe, haben neben den im Kinder- und Jugendalter wichtigen Sozialisationsinstanzen Familie und Schule einen wichtigen Platz, denn sie müssen, um Teilhabe am gesellschaftlichen Leben zu sichern, oft Defizite dieser beiden ausgleichen oder unterstützend wirken.

Hier kann Sexualität nicht ausgeklammert werden. Um den genannten Aufträgen gerecht zu werden, sind nicht nur die Sensibilisierung

---

1 »Die Profession Soziale Arbeit fördert sozialen Wandel, Problemlösungen in menschlichen Beziehungen und die Stärkung und Befreiung von Menschen, um das Wohlergehen zu stärken. [...] Die Grundlagen von Menschenrechten und sozialer Gerechtigkeit sind für die Soziale Arbeit wesentlich« (DBSH, online).

Einleitung

der Fachkräfte und die Aneignung von Fachwissen durch diese nötig, sondern auch die Auseinandersetzung mit Fragen nach dem Stellenwert sexueller Bildung in der Sozialen Arbeit und möglichen speziellen Zielgruppen.

Die Beschäftigung mit der familiären Sexualkultur, mit der die Fachkräfte der Sozialen Arbeit konfrontiert werden und in deren Kontext sie arbeiten, erfolgt in der Praxis oft unbewusst. Durch eine Reflexion derselben wird es möglich, den sexuellen Bildungsprozess Heranwachsender zu begleiten, positiven Einfluss auf sexuelle Einstellungen und Verhaltensweisen zu nehmen und dadurch auch Kinder und Jugendliche vor Übergriffen zu schützen. Dies ist insbesondere dann der Fall, wenn die Sexualerziehung und -bildung durch andere Sozialisationsinstanzen nicht ausreichend geleistet werden kann.

Die Familie ist in unserer Gesellschaft eine der zentralen und wichtigsten Sozialisationsbereiche für Kinder und Jugendliche. Vor allem in den jüngeren Lebensjahren, der Zeit der primären Sozialisation, ist sie die prägende Instanz. Mit zunehmendem Alter, in der sekundären Sozialisation, nimmt der Einfluss der Familie ab und andere Instanzen wie zum Beispiel Schule, Jugendkulturen oder Medien gewinnen an Bedeutung (vgl. Niederbacher & Zimmermann, 2011, S. 71ff.; Rieländer, 2000, S. 9). Familiäre Sexualkultur ist immer in Abhängigkeit von der gesellschaftlichen Entwicklung und dem bestehenden Rahmen zu betrachten. Sozialisation findet nicht an einem Ort, sondern im Rahmen verschiedener Instanzen und innerhalb von Subsystemen statt. Diese wirken durch Verknüpfungen, die zum Beispiel durch die Mitgliedschaft eines Individuums in verschiedenen Subsystemen entstehen können (vgl. Rieländer, 2000, S. 15f.). Durch die Rolle, die der Familie in der Sozialisation zukommt, erklärt sich ihre Bedeutung für eine Arbeit auf dem Gebiet der Sexualforschung. In der Zeit der primären und sekundären Sozialisation durchlaufen Kinder und Jugendliche wichtige Abschnitte der biologischen Reifung und psychosexuellen Entwicklung. Die Sozialisationsbedingungen für Heranwachsende sind eine wichtige Basis für spätere Lebenseinstellungen und Entwicklungen.

Auch im Bereich der Sexualaufklärung nehmen die Eltern bzw. die Familie eine wichtige Stellung ein. Wichtigste Bezugsperson bei der Aufklärung, mit einem Langzeittrend bei Studien seit 1980, ist für Mädchen die Mutter. Bei den Jungen waren die Mütter, wenn auch weniger stark, in den zurückliegenden Jahren ebenfalls die wichtigsten Personen bei der Aufklärung. 2010 zeigte sich, dass die Lehrer_innen die Mütter eingeholt haben und als Trend ist erkennbar, dass sie diese überholen könnten (vgl. BZgA, 2010, S. 11–39; BRAVO-Studie, 2009, S. 16f., 23). Ein Dilemma der Aufklärung zeigt sich in der BZgA-Studie: Jugendliche, die keine oder wenig Sexualaufklärung in der Schule erhalten, werden auch zu Hause weniger aufgeklärt (vgl. BZgA, 2010, S. 30).

Hier wird bereits deutlich, dass ein Auftrag sexueller Bildung darin besteht, sich mit den familiären Bedingungen auseinanderzusetzen und diese im Kontext der Schule als dem wichtigsten Träger sexueller Bildungsangebote zu betrachten. Familie und Schule können bis zur Pubertät bei den meisten Kindern als die wichtigsten Sozialisationsorte angenommen werden. Wenn sich Bildungsangebote bei verschiedenen Schulformen unterscheiden und Heranwachsende aus bildungsbenachteiligten Schichten weniger von sexueller Bildung in der Schule profitieren sollten, würde sich eine spezielle Zielgruppe ergeben, die, wie oben bereits erwähnt, auch in der Familie weniger aufgeklärt werden wird. Es stellt sich die Frage der Erreichbarkeit dieser Kinder und Jugendlichen. Neben einer Änderung der im schulischen Rahmen durchgeführten sexuellen Bildung, wären hier auch Angebote der Jugendhilfe, zum Beispiel im Bereich der Offenen Kinder- und Jugendarbeit oder der Straßensozialarbeit zu diskutieren. Eine weitere Möglichkeit stellen die in die Kinder- und Jugendhilfe integrierten Hilfen zur Erziehung, wie Erziehungs- und Familienberatung oder aufsuchende ambulante Hilfen, zum Beispiel die Sozialpädagogische Familienhilfe dar. Man geht davon aus, dass diese Hilfen bei Familien, mit denen intensiv und über einen längeren Zeitraum gearbeitet wird, eine wichtige Rolle bei der sexuellen Sozialisation einnehmen können. Bisher ist die Rolle dieser helfenden Institutionen im Bereich Sexualität größtenteils auf die Themen der Gewalt und des Missbrauches konzentriert (zum Beispiel Conen, 1999; LJA Brandenburg, 2009), doch sie könnten auch für den Bereich der sexuellen Entwicklung und Entfaltung wichtige Impulse geben. Dies wird unter dem Druck der politischen und gesellschaftlichen Kinderschutzdiskussion nur unzureichend berücksichtigt.

1 Sexualkultur

Sexualkultur – was kann darunter verstanden werden und welche gesellschaftliche, familiäre und individuelle Bedeutung steht hinter diesem Begriff?

Als Sexualkultur könnte die Gesamtheit der in einer Gesellschaft vorhandenen Verhaltensmuster zu Sexualität in all ihren Formen, die sich im Denken, Fühlen, Handeln und den Haltungen der Individuen zeigen, bezeichnet werden. Bestehende Normen, Werte und gesellschaftlich vorherrschende Moralvorstellungen grenzen diese Vielfalt auf eine gesellschaftlich normkonforme Sexualkultur ein, neben der es Subkulturen geben kann. Durch Sozialisation werden Werte und Normen übertragen, verinnerlicht und prägen die gesellschaftliche Sexualkultur (vgl. Linke, 2012, S. 9f.).

Die nähere Begriffsbestimmung scheint mir nötig, um die Bedeutung der Sexualkultur für die Gesellschaft und die sozialen Prozesse der Individuen zusammengefasst deutlich zu machen. Der Begriff der Sexualkultur wird im allgemeinen Sprachgebrauch und der (Fach-)Literatur benutzt (zum Beispiel Lautmann, 2002, 2004; Sielert, 2004, Sigusch, 2005), aber selten klar abgegrenzt und ist oft nur im Textzusammenhang zu verstehen. Sielert macht die Bedeutung der Sexualpädagogik/Sexuellen Bildung für die Entwicklung der (oder einer) Sexualkultur deutlich und kritisiert, dass ohne diese ein Zurechtfinden für Heranwachsende im gesellschaftlichen »Sexualrummel« schwierig wird (vgl. Sielert, 2004, S. 1–7). Hier wird die Wichtigkeit der Definition des Kulturbegriffes deutlich. Wird Kultur als etwas gesehen, was gestaltet, pflegt und formt, dann geht es nicht mehr nur um den Konsum ideeller und materieller Werte, sondern um die (Mit)Gestaltung eben dieser Kultur (vgl. Linke, 2012, S. 7f.). Obwohl Sielert (2004) sich in seinem Text bei der Gestaltung der Sexualkultur auf die professionellen Pädagog_innen bezieht, ist doch ein Brückenschlag zur Familie möglich. In der oder durch die Familie findet mindestens Sexualerziehung, und damit die Vermittlung von Normen und Werten statt. Sexuelle Bildung oder das Ermöglichen derselben wird aber auch an anderen Orten vermittelt. Die Sexualkultur einer Familie ist abhängig von den Möglichkeiten einer Gesellschaft. Lautmann beschreibt den Zusammenhang zwischen Sexualität und Gesellschaft sowie ihrer Sexualkultur wie folgt: »Am Horizont steht immer die Gesellschaft mit allem, was sie ermöglicht – oder als unbekannt ausschließt, was sie erlaubt – oder versagt. Institutionen fördern oder begrenzen das Auftreten sexualisierbarer Situationen« (Lautmann, 2002, S. 249). In einem Text über Magnus Hirschfeld und die Sexualkultur um 1900 bezieht sich Lautmann auf die Bedeutung von Sexualkultur im gesellschaftlichen Kontext: »Sexualkultur bestimmt danach nicht nur über den schmalen Bereich intimer Kontakte, sondern über weite Teile der Sozialstruktur: das Gerüst der Institutionen, die Positionierung der Individuen in den Hierarchien« (Lautmann, 2004, S. 293).

Eine zusammenfassende Beschreibung der allgemeinen Bedeutung von Sexualkultur könnte sein:

Sexualkultur ist ein von der jeweiligen Gesellschaft bewusst oder unbewusst gelebter, durch Sozialisation vermittelter und erworbener Katalog an Verhaltensmustern, die durch Normen und Werte, welche die Sexualität in ihren verschiedenen Facetten regeln, beeinflusst und begrenzt werden und sich in den Haltungen und dem Handeln von Individuen und dem Gesamtbild einer Gesellschaft zeigen (vgl. Linke, 2012, S. 9f.).

Die Ausprägung einer Sexualkultur und der Handlungsfreiraum der Individuen werden, wie Lautmann (2002, S. 249ff.; 2012, S. 1ff.) beschreibt, durch die Gesellschaft und ihre Institutionen begrenzt. Dieser Rahmen gibt die Entwicklungsmöglichkeiten für ein Individuum in einer Gesellschaft vor. Die gesellschaftliche Sexualkultur ist prägend für die Entfaltung, Förderung, Behinderung und Verhinderung des Sexuellen. Traditionelle Verhaltensmuster, Symbole und Rituale werden in diesem Rahmen weitergegeben und manifestiert (vgl. Wuketits, 2001, S. 133f.; Hofstede, 2001, S. 3–5).

Kultur ist nicht statisch. Sie wirkt auf das Soziale und wird wiederum vom Sozialen beeinflusst, was Veränderungen bewirken kann. Wuketits ein Soziobiologe, sieht als Grundlage einer kulturellen Evolution immer die soziale Evolution, denn zur Entfaltung einer Kultur bedarf es einer Gesellschaft, die sich darüber austauschen kann. Als Minimaldefinition von Kultur beschreibt Wuketits »die Fähigkeit eines Lebewesens [...,] sich in bewusster Selbstreflexion und (bewusster) Reflexion über die es umgebenden Objekte eine begriffliche und technische Welt zu schaffen« (Wuketits, 2001, S. 133). Für Hofstede ist Kultur mentale Software, die programmiert wird. Die Kulturbildung ist nach Hofstede von drei Ebenen abhängig: Vererbung, sozialem Umfeld und eigenem Erfahrungslernen. Somit wirkt sich der Sozialisationsprozess entscheidend auf die Kulturbildung aus. Durch die Sozialisation werden Muster wie Denken, Fühlen und Handeln erworben, die sich in Werten und Haltungen zeigen. Diese beinhalten auch sexuelle Verhaltensweisen und beschreiben den Charakter einer Kultur (vgl. Hofstede, 2001, S. 3–5). Die Dynamik der Veränderung und Erneuerung einer (Sexual-)Kultur wird durch die Reflexion und Selbstreflexion des menschlichen Individuums vorstellbar. Dies führt zu veränderten Haltungen und ermöglicht wiederum Handeln, das zu neuen Normen und Werten und damit zur Veränderung einer Sexualkultur führt. Durch die individuell motivierte, selbstreflexiv geförderte Handlung und eine entstehende selbstbestimmte Haltung von Individuen zu Sexualität, kann es zu Veränderungen der im Rahmen des Sozialisationsprozesses verinnerlichten Verhaltensmuster kommen. Dieser Prozess vermag von den individuellen Haltungen – auch über Sub(sexual)kulturen – zu Veränderungen in der Gesellschaft und somit zur Veränderung der Sexualkultur zu führen.

Die familiäre Sexualkultur steht zwischen den beiden Polen Gesellschaft und Individuum. Sie wird von der gesellschaftlichen Sexualkultur beeinflusst und transportiert und vermittelt über die Institution Familie Werte und Normen. Als die kleinste gesellschaftliche Institution wirkt sie über die (früh)kindliche Erziehung und Betreuung und übt Einfluss auf die sexuelle Entwicklung aus. Sie ist in der Regel die erste Institution, die die Grenzen des Sexuellen setzt und überwacht. Die Familie

1 Sexualkultur

ist aber auch in der Lage, die Kompetenzen zu fördern, die bestehende Moralvorstellungen infrage stellen, Selbstbestimmung fördern und Veränderungen bewirken können. Die Familie kann also sowohl Bewahrer einer traditionellen Sexualkultur, als auch Förderer der Emanzipation und Teil einer Subsexualkultur sein. Der Stellenwert der Familie und die Bedeutung familiärer Sexualkultur im Rahmen der Sozialisation und in ihrer Bedeutung für sexuelle Verhaltensweisen und Einstellungen werden im Folgenden weiter herausgearbeitet.

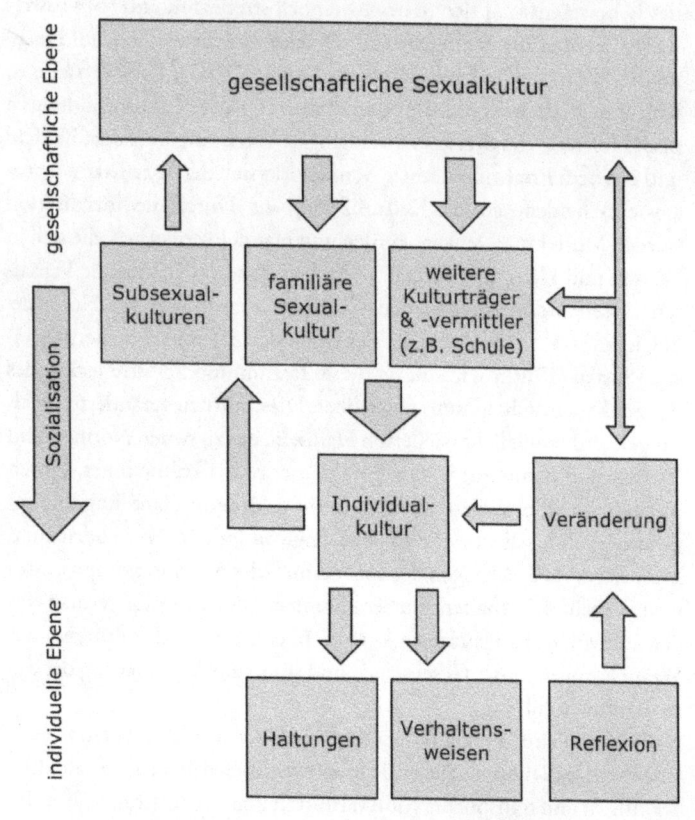

Abbildung 1: Sexualkultur

2 Sozialisation und Familie

2.1 Sozialisation

Der Begriff Sozialisation soll an dieser Stelle eingegrenzt werden, da er vielfach in der Literatur und in verschiedenen Kontexten verwendet wird. Grundlegend kann Sozialisation »als Prozess der Entstehung und Entwicklung der Persönlichkeit eines Individuums in wechselseitiger Abhängigkeit von der gesellschaftlich vermittelten, sozialen und materiellen Umwelt« (Niederbacher & Zimmermann, 2011, S. 15) verstanden werden. Im Lexikon der Sozialpädagogik und Sozialarbeit findet sich folgende Definition von Gottschalch zur Sozialisation sowie zur wissenschaftlichen Bedeutung für die Soziale Arbeit:

> »Unter Sozialisation werden die Vorgänge verstanden, die dazu führen, dass die Menschen sich mehr oder weniger die Werte und Normen der Gesellschaft, in der sie leben, aneignen. [...] Für Sozialpädagogik und Sozialarbeit bietet die Sozialisationsforschung eine unentbehrliche Orientierungshilfe. Vor allem klärt sie über die Grenzen und Möglichkeiten psychosozialen Handelns auf« (Gottschalch, 2000, S. 667, 669).

Sozialisation findet in verschiedenen Bereichen statt. In der Regel bildet bei der Mehrheit der Jugendlichen die Familie die erste und über mehrere Jahre wichtigste Institution der Sozialisation. Im weiteren Verlauf sind für die Betrachtung der Entwicklung von Kindern und Jugendlichen neben der Familie als weitere Bereiche die Schule, andere Bildungs-/Freizeitbereiche, Peer-Groups (Interessengruppen) oder Medien von Bedeutung. Interessant für diese Arbeit sind vor allem die Theorien zur familiären und geschlechtsspezifischen Sozialisation. Sozialisation ist unmittelbar mit dem menschlichen individuellen Entwicklungsprozess in einer Gesellschaft verbunden, sie beginnt mit der Geburt und endet mit dem Tod. Wird der Sozialisationsprozess »systematisch geplant und mit klaren pädagogischen Absichten organisiert [...], handelt es sich um Erziehung« (Veith, 2008, S. 14). Durch Erziehung und Bildung können Kompetenzen vermittelt werden, die für die Teilhabe am sozialen Leben von Bedeutung sind. Es gibt jedoch keine Garantien, dass ein Individuum diese erwirbt und wie sich die Persönlichkeit ausbildet (vgl. ebd., S. 11). Kein Individuum kann sich den Sozialisationsprozessen entziehen, aber, wie oben ausgeführt, sind individuelle Veränderungen möglich. Speziell zur sexuellen Sozialisation – hier bezogen auf die weibliche Entwicklung, aber im Grunde übertragbar – bemerkt Schmidt: »[F]rüh sozialisierten Einstellungen und Moralbindungen wohnt zwar eine gewisse Prägekraft inne – es ist dem Individuum aber möglich, sich von diesem Einfluss frei zu machen« (Schmidt, 2008, S. 385f.). Veith beschreibt die individuelle Komponente im Kontext zwischen individueller Selbstbestimmung und gesellschaftlichen Möglichkeiten wie folgt:

> »Auch unter günstigen äußeren Lebensumständen sind biografische Risikoentwicklungen möglich und umgekehrt können Menschen in schwierigen Verhältnissen durchaus alltagstaugliche Handlungsfähigkeiten und Subjektautonomie entwickeln. Dies hängt unter anderem damit zusammen, dass der Sozialisationsprozess von den sich entwickelnden Subjekten selbst aktiv mitgestaltet wird« (Veith, 2008, S. 11).

Zur Beschreibung der geschlechtsspezifischen Sozialisation sagt Gottschalch, dass »[d]er Unterschied zwischen den Geschlechtern [...] natürlich verursacht« sei und anschließend »gesellschaftlich geformt und bestimmt, polarisiert und unter günstigen Umständen zuweilen versöhnt« wird. Und weiter: »Das führt dazu, dass wir die Schwierigkeiten der S. [Sozialisation] nirgends hautnäher fühlen als in den Intimbeziehungen zwischen Männern und Frauen« (Gottschalch, 2000, S. 669). Zimmermann definiert zur Klärung des Sozialisationsbegriffes Folgendes: »Sozialisation ist – und dies ist Konsens in der gegenwärtigen Sozialisationsdebatte – zu verstehen als Prozess der Entstehung und Entwicklung der Persönlichkeit in wechselseitiger Abhängigkeit von der gesellschaftlich vermittelten sozialen und materiellen Umwelt. Die Akzentuierung bei sozialisationstheoretischen Fragestellungen liegt im Mitglied-Werden in einer Gesellschaft« (Zimmermann, 2006, S. 16). Nach Zimmermann beeinflusst kein anderes Merkmal die Sozialisation so stark wie die Geschlechtszugehörigkeit. Er stellt die Frage in den Vordergrund: »Wie werden Mädchen zu Mädchen und Jungen zu Jungen?« (ebd., S. 11).

An dieser Stelle muss gefragt werden: Gibt es eigentlich noch eine geschlechtsspezifische Sozialisation? Und wenn ja, wie definiert diese sich heute? Noch vor ein paar Jahrzehnten hat sich diese Frage für einen großen Teil unserer Gesellschaft nicht gestellt. Das Weibliche und Männliche war klar definiert, die Erziehung und Bildung getrennt, die Rollen klar. Die sexuelle Revolution hat daran gerüttelt, aber grundlegend nichts geändert. Der überwiegende Teil der Gesellschaft erzog weiter seine Mädchen zu Frauen und seine Jungen zu Männern. Da waren sich Pädagog_innen und Eltern meist einig. Seit die, wie Sigusch sie nennt, neosexuelle Revolution über das Land fegt (vgl. Sigusch, 2005, S. 15), wird die Geschlechterfrage im Kontext von psychosexueller Identität und biologischer Zuschreibung neu gestellt.

Für die Generation der heutigen Eltern gilt jedoch meist, dass sie noch eine heteronormativ geprägte Erziehung und Sozialisation erfahren haben. Der Feminismus der 1970er und 1980er Jahre hat die gesellschaftliche Stellung der Frau verändert und das traditionelle Rollenbild kritisiert, aber nicht die Geschlechtszuordnung. Geschlechtsspezifische Rollenzuweisungen finden sich in besonderem Maße seit der europäischen Moderne, auch wenn es zuvor in Europa gesellschaftliche Anforderungen an Frauen und Männer gab.

In den modernen Wissenschaften setzte sich im 19. Jahrhundert die Ansicht durch, dass eine biologisch, evolutionär geprägte Vorgabe der fortpflanzungsbedingten Zweigeschlechtlichkeit bestehe. Im Lauf der menschlichen Entwicklung sei sie soziokulturell überformt und kulturell überliefert worden und habe zu geschlechtsspezifischen Rollen, Eigenschaften und Fertigkeiten geführt. Sie zeigt sich in einer bis heute bestehenden zweigeschlechtlichen sozialen Gesellschaftsordnung, die Kindern je nach zugeschriebenem biologischem Geschlecht bei der Geburt auch das soziale Geschlecht zuschreibt (vgl. Grundmann, 2006, S. 99–102). Sich mit einem Geschlecht klar zu identifizieren, kann hier Sicherheit vermitteln. Menschen, die sich nicht klar positionieren wollen oder können, erhalten diesen sicheren Raum in der aktuellen Geschlechterordnung hingegen nicht. Es stellt sich die Frage: Wie viele Geschlechter gibt es? Sind es zwei – weiblich, männlich – oder mehr? Wenn ja, wie viele? Und, wie gestaltet sich der gesellschaftliche Umgang mit einer geschlechtlichen Vielfalt?[2] Wird das biologische Geschlecht mit den sozialen Rollen starr verknüpft, hält sich das Ergebnis in eng gedachten Bahnen der Zweigeschlechtlichkeit und wird daraus eine (Sexual-)Kultur gemacht, die Vielfalt ausschließt – dann wird es Menschen geben, die sich darin mit ihrer Sexualität und Identität nicht finden können. Die gesellschaftliche Reaktion auf diese »Abweichler_innen« war gerade in historisch jüngerer Zeit, in Europa seit der europäischen Moderne, verheerend. Die Pathologisierung und Kriminalisierung von sexuellen Identitäten und Orientierungen zieht sich wie ein roter Faden durch die deutsche Geschichte, vor allem seit der Etablierung der wissenschaftlichen Medizin im 19. Jahrhundert. Heute ist zumindest Homosexualität selbst in Deutschland gesellschaftlich weitgehend akzeptiert. Intersexuelle hingegen werden noch oft zwangsweise direkt nach der Geburt operiert und Transsexualität wird weiterhin pathologisiert, auch wenn sie kein Tabu mehr ist.

Trotz der aktuell geführten Diskussionen spielt die zweigeschlechtliche Rollenverteilung bei Sozialisation und Erziehung weiter eine bedeutende Rolle. Das Verhalten vieler Eltern nach der Geburt oder vorgeburtlich von dem Moment an, wenn Eltern das Geschlecht ihres Kindes erfahren, wird durch diese biologische Zuschreibung beeinflusst (vgl. Linke, 2007, S. 39f.; Zimmermann, 2006, S. 211–213). Am Beispiel der männlichen Sozialisation kann aufgezeigt werden, wie unterschiedlich die geschlechtsspezifische Entwicklung verlaufen kann. Für Jungen, die späteren Männer, ist die Phase der primären Sozialisation immer noch stark durch die Mütter und später meist durch Erzieherinnen geprägt.

---

[2] Hier wird zur weiteren kritischen Auseinandersetzung auf Arbeiten verwiesen, die diese Diskussion aufgreifen und unter anderem die Ausprägung, Zuordnung und Vielfalt von Geschlecht und/oder sozialen Rollen aus emanzipatorischen Perspektiven betrachten und in einen anderen Kontext stellen, zum Beispiel: Fausto-Sterling (1988, 2000); Schmitz (2006); Voß (2011a, 2011b).

2.1 Sozialisation

Bei vielen emanzipierten Elternpaaren kommt es in der Zeit nach der Geburt eines Kindes zu einer Neuverteilung der Rollen und Aufgaben (vgl. Veith, 2008, S. 78f.). Diese Entwicklung dürfte verstärkt werden, wenn der wirtschaftlich-finanzielle Spielraum der Familie begrenzt ist. In diesen Fällen gibt es oft eine Retraditionalisierung der sozialen Rollen, deren Verfestigung wiederum mit der Anzahl der Kinder steigen dürfte. In einer von Zulehner und Volz durchgeführten Studie wurden vier Männertypen kategorisiert: traditionell, pragmatisch, unsicher und neu. Diese wurden nach der Übernahme traditioneller und neuer Werte unterschieden. Dabei stellten die unsicheren Männer mit 37% die größte Gruppe. Speziell in den neuen Bundesländern waren es 34%. Die unsicheren Männer schwanken insgesamt zwischen neuen und traditionellen Werten, tendieren aber bei den Kategorien Beruf und Familie zu den traditionellen. In den neuen Bundesländern zeigt sich ein großer Unterschied bei den Werten zwischen neuen Männern mit nur 22% gegenüber 46% neuen Frauen. Mit »neuen« Männern und Frauen sind Personen gemeint, die sich von den traditionellen Werten und Normen, zum Beispiel der Rollenverteilung, emanzipiert haben. So ist es für fast die Hälfte der Frauen in den neuen Bundesländern selbstverständlich, berufstätig zu sein (vgl. Zulehner & Volz, 1999, S. 35, 40f.). Diese Ergebnisse zeigen, dass in der heutigen Elterngeneration der neuen Länder überwiegend neue Frauen auf unsichere Männer treffen. Hierin liegt eine Konfliktmöglichkeit für Paare bei der sozialen Rollenzuweisung und die Gefahr der Retraditionalisierung bei einer Familiengründung (vgl. Linke, 2007, S. 44–48).

Das bedeutet für einen großen Teil der Jungen überwiegend abwesende Väter, da diese sich in die traditionelle Ernährerrolle begeben und die familiären Aufgaben der Mutter überlassen. Mit »abwesend« ist hier nicht nur die berufliche Abwesenheit sondern ebenso die in der Erziehung gemeint, die selbst bei einem örtlich anwesenden Vater gegeben sein kann. Auch emanzipierte Väter können sich hier oft nicht komplett lösen. Böhnisch beschreibt die Familialisierung der Arbeitswelt, die neben der rationalen Ebene der vertraglichen Bedingungen oft auch eine emotionale der persönlichen Identifizierung mit dem Unternehmen enthält (Böhnisch, 2004, S. 206f.). Dies trifft nicht nur auf berufstätige Männer oder Väter zu, auch Frauen in hetero- und homosexuellen Partnerschaften oder Alleinerziehende, egal welchen Geschlechts, müssen sich damit auseinandersetzen. Es ist nicht nur die Zeit, die Erziehenden zur Verfügung steht, sondern vielmehr ihre Einstellung zu Familie, Rollen und ihre Prioritäten im Leben, die entscheidend sind für die Beteiligung an den Familien- und Erziehungsaufgaben und an deren Aufteilung zwischen den Eltern. Durch abwesende Väter oder männliche Personen im Sozialisationsprozess fehlt den Jungen eine reelle männliche Bezugsperson, mit der sie sich vergleichen können. Dadurch kann es zu Idealisierungen des Vaters und der Männlichkeit kommen, die oft zu einer Enttäuschung und zu Abwertung der Weiblichkeit führen. Hollstein beschreibt die Suche nach männlicher Identität unter solchen Umständen mit einer Verleugnung und Verdrängung des Weiblichen: »Tatsächlich definieren wir Männer unsere Geschlechtsidentität im Gegensatz zu den Frauen negativ: männlich ist, was nicht weiblich ist« (Hollstein, 1999, S. 67f.). Eine auf Gleichberechtigung, Empathie und Verhandlungskonsens basierende Beziehungsgestaltung, vor allem zu einer Frau, ist unter diesen Umständen schwierig und die Abwertung des Weiblichen kann sich symbolisch in (sexualisierter) Gewalt zeigen (vgl. Hollstein, 1999, S. 70f.; Linke 2007, S. 40–42). Bründel und Hurrelmann (1999) haben die Auswirkungen von Arbeitslosigkeit untersucht. Das Ergebnis, dass Männer und Frauen damit unterschiedlich umgehen und diese Zeit anders nutzen, deckt sich mit den Ergebnissen von Zulehner und Volz (1999). Männer, die zum überwiegenden Teil traditionellen Werten und Rollen anhängen, sehen sich ihrer Aufgabe durch die Arbeitslosigkeit beraubt. Die Persönlichkeit des Mannes entscheidet darüber, ob diese Lebensphase, die sich im weiteren Lebensverlauf wiederholen kann, positiv genutzt wird. Was Männer für ihre Familien leisten, ist, wie oben bereits gesagt, eine Frage der Einstellung und nicht der Zeit (vgl. Bründel & Hurrelmann, 1999, S. 61–63).

Eine Idealisierung von Männlichkeit und eine Abwertung von Weiblichkeit führen zu sozialen, in der Masse zu gesellschaftlichen Problemen. Statistisch sind es überwiegend Männer, die gewalttätig werden (vgl. Statistisches Bundesamt, 2012, S. 303, 309). Ein Festhalten an patriarchalen, hierarchischen Strukturen führt zu Ausgrenzung und Konkurrenz. Dies zeigt sich auf zwei Ebenen, der strukturellen und der persönlichen. Auf der strukturellen Ebene finden sich beispielsweise die geforderte und geförderte Konkurrenz am Arbeitsplatz, die Aufstiegsmöglichkeiten im Unternehmen oder die Vergaberegeln von

Aufträgen. Diese Faktoren begünstigen gerade im Arbeitsleben Gewalt, die sich unter anderem in Mobbing äußern kann. Das System des Kapitalismus schafft die Grundlage der persönlichen Gewalt und legitimiert diese. In Unternehmen kommt es oft zu Machtmissbrauch und Gewalt unter Männern (Böhnisch & Winter 1997, S. 199f.). In Jungen- und Männergruppen, die von Konkurrenz, Druck, Gewalt und Hierarchie gekennzeichnet sind, orientieren sich die Strukturen überwiegend an einem traditionellen Männerbild. Die als Junge in solchen Strukturen gemachten Erfahrungen im Konkurrenzkampf, sowohl spielerisch als auch reell, werden verinnerlicht und später vom Mann im realen Leben wiederholt (vgl. Engelfried, 2000, S. 119–133). Harten sieht hier auch die Ursachen sexualisierter Gewalt: »Sexuelle Gewalt hat ihre Ursache in den allgemeinen Geschlechterverhältnissen, die vor allem über die primäre Sozialisation und Erziehung reproduziert werden« (Harten, 1995, S. 257). Historisch ist sie auch darin begründet, dass die in der Gesellschaft manifestierte und auf der Zweiteilung der Geschlechter basierende Rollen- und Arbeitsteilung dazu führte, dass vorrangig Männer die Außenaufgaben ausführten. Diese waren, oder sind es zum Teil bis heute, eher die körperlichen Aufgaben, die auch die Verteidigung und Konfliktbewältigung einschließen (vgl. Harten. 1995, S. 159).

2.2 Sozialisationsinstanz Familie

Unter den verschiedenen Sozialisationsinstanzen nehmen die »mit dem Begriff Familie bezeichneten Lebensformen eine herausragende Stellung ein, weil sie zum einen die personale Identität eines Menschen konstituieren und zum anderen zugleich kollektive soziale Identitäten begründen« (Niederbacher & Zimmermann, 2011, S. 71). Bei Beckmann wird Familie abstrakt als »Primärgruppe, die durch Bindungen zeitlich stabil bleibt«, beschrieben (Beckmann, 1996, S. 9). Bei Hill und Kopp findet sich folgende Zusammenfassung verschiedener Definitionen zum Begriff Familie:

➢ »auf Dauer angelegte Verbindung von Mann und Frau
➢ mit gemeinsamer Haushaltsführung und
➢ mindestens einem eigenen (oder adoptierten) Kind« (Hill & Kopp, 2004, S. 13).

Wird diese Definition erweitert, nicht nur auf heterosexuelle Paare beschränkt und bezieht sie auch Pflegekinder mit ein, so könnte mit ihr eine zeitgemäße Beschreibung der (Kern-)Familie möglich sein. Dynamik und Mobilität unserer Gesellschaft beeinflussen die zeitliche Stabilität einer Familie, der Begriff Dauer ist relativ, und so ist es durchaus möglich, dass Kinder und Jugendliche heute in mehreren Familien(formen) oder familialen Lebensformen nacheinander oder auch gleichzeitig aufwachsen. Veith plädiert für eine weitest mögliche Öffnung des Familienbegriffs und beschreibt Familie als »eine soziale Gruppe, in der sich mindestens zwei Mitglieder in einem Eltern-Kind-Verhältnis befinden müssen« (Veith, 2008, S. 33).

In der Bundesrepublik Deutschland wachsen Kinder, statistisch betrachtet, in folgenden Familienformen[3] auf: 74,9% bei verheirateten Eltern, 8% in Lebensgemeinschaften und 17,1% bei Alleinerziehenden. In den neuen Bundesländern unterscheiden sich die Werte deutlich vom Bundesdurchschnitt: 57,5% Ehepaare, 18,9% Lebensgemeinschaften, 23,6% Alleinerziehende (Statistisches Bundesamt, 2012, S. 59). Dennoch stellt auch hier die traditionelle Kernfamilie mit über 50% die Hauptlebensform, in der Kinder aufwachsen.

Historisch finden sich die Wurzeln des Vater-Mutter-Kind-Familienbildes, das moralisch in den letzten Jahrzehnten in der Breite der Gesellschaft in der Regel als das Ideal galt, in der Zeit der Industrialisierung im 18. und 19. Jahrhundert. Bis zum 18. Jahrhundert wurde Familie als Haus- und Produktionsgemeinschaft verstanden. Die Konstrukte der kulturellen Ideen von Familie, zum Beispiel, dass Liebe und Sexualität zusammengehören, oder einer emotionalisierten Eltern-Kind-Beziehung, wurzeln in dieser Epoche (vgl. Schmidt, 1991, S. 21–30). Der Begriff der Familie ist in dem kulturellen und zeitlichen

---

3   Das statistische Bundesamt definiert Familie wie folgt: »Abweichend von früheren Veröffentlichungen umfasst diese im Mikrozensus alle Eltern-Kind-Gemeinschaften, d. h. Ehepaare, nichteheliche (gemischtgeschlechtliche) und gleichgeschlechtliche Lebensgemeinschaften, sowie alleinerziehende Mütter und Väter mit ledigen Kindern im Haushalt. Einbezogen sind in diesen Familienbegriff – neben leiblichen Kindern – auch Stief-, Pflege- und Adoptivkinder ohne Altersbegrenzung. Damit besteht eine Familie immer aus zwei Generationen (Zwei-Generationen-Regel): Eltern bzw. Elternteile und im Haushalt lebende ledige Kinder« (Statistisches Bundesamt, 2012, S. 69).

2.2 Sozialisationsinstanz Familie

Kontext zu sehen, in dem mit dem Begriff gearbeitet wird. Die heutige Familie und die familiären Bindungen und Beziehungsmuster sind nicht mehr mit der historischen Familienform einer bürgerlichen oder bäuerlichen Familie vor ein- bis zweihundert Jahren in Deutschland vergleichbar (vgl. Schmidt, 1991, S. 17–31; Sigusch, 2005, S. 16; Weber-Kellermann, 1996, S. 277ff.). Unter Familie wird in dieser Arbeit die Familie in modernen Industriestaaten, speziell der Bundesrepublik Deutschland, verstanden. Dennoch wirken bis heute kulturelle Normen und Werte des traditionellen Familienbildes, zum Beispiel bei der Rollenverteilung oder der Erziehung der Geschlechter. Die heutige Familie hat sich der kulturellen und sexuellen Vielfalt angepasst und kann von einer traditionellen (ländlichen produktiv verbundenen) Mehrgenerationenfamilie über Patchworkfamilien bis zur Ein-Eltern-Kind-Kleinstfamilie in einer Großstadt reichen. Dazu schreibt Sigusch: »Nach dem Übergang vom ganzen Haus vergangener Jahrhunderte zur Kleinfamilie bewegen wir uns der Tendenz nach auf eine Kleinstfamilie zu, die nur noch aus ein oder zwei Personen besteht« (Sigusch, 2005, S. 38). Wer zu einer Familie im weiteren Sinne gehört, ist nicht mehr unbedingt über biologisch-verwandtschaftliche Zugehörigkeiten bestimmt (vgl. Beckmann, 1996, S. 251ff.; Zimmermann, 2006, S. 84f.). Sigusch hat zum Wandel der Sexualität im 21. Jahrhundert eine, wie er schreibt, »schwarze« Vision und nennt hier unter anderem Folgendes: »Immer mehr Menschen werden zu ihrer eigenen Familie werden und sich einreden müssen, es handele sich um einen Lifestyle« (Sigusch, 2005, S. 7). Neue Ansätze der Sozialisationsforschung haben den Begriff des »doing family« geprägt. Dieser Begriff ist dem aus den Gender Studies bekannten »doing gender« entlehnt und beschreibt die neu entstandenen und noch entstehenden Aushandlungsprozesse im Familiensystem, die Familie in ihren Sozialisationszusammenhängen ständig neu entstehen lässt, im Gegensatz zu überlieferten Strukturen und Rollenmustern (vgl. Niederbacher & Zimmermann, 2011, S. 73f.).

Die Entstehung der Kleinfamilie hängt in Deutschland mit der Industrialisierung zusammen und war nur durch diese möglich. Die Lebensbedingungen der Menschen veränderten sich in dieser Zeit grundlegend (vgl. Schmidt, 1991, S. 17ff.). Erler beschreibt, dass es die deutsche »Normalfamilie«, die häufig als Ideal ausgegeben wird, historisch flächendeckend und über längere Zeiträume nicht gab. Die Zeit, auf die sich dieses Bild bezieht, ist relativ kurz. Es war in den 1950er und 1960er Jahren dominant und ist auch als Reaktion auf die Erlebnisse der 1930er und 1940er Jahre zu sehen. Normalität, Sicherheit und Geborgenheit wurden in der Familie gesucht und verbanden sich mit dem noch vorhandenen Gedankengut aus der Zeit des Nationalsozialismus zu einem neuen Familienbild (vgl. Erler, 1996, S. 11–14). Dieses auf den Mann als Berufstätigen fixierte Ein-Ernährer-Familienmodell wurde durch die sozioökonomische Situation in dieser Zeit begünstigt und so für einen Großteil der Familien überhaupt erst möglich. Mit dem Wandel und dem Abbau der sozialen Marktwirtschaft in den folgenden Jahrzehnten in Richtung einer neoliberal ausgerichteten Marktwirtschaft, ergab sich auch aus den daraus folgenden ökonomischen Gründen in den sogenannten Normalfamilien die Notwendigkeit, dass Ehefrauen wieder mehr berufstätig wurden.

Die Familie war also schon immer im Wandel und bewegte sich dabei zwischen den beiden Polen Lebensgemeinschaft/soziale Gruppe und gesellschaftliche Institution (vgl. Erler, 1996, S. 11–14). Trotz der Vielfalt an möglichen Lebensformen und Lebensgemeinschaften ist die Familie »ein funktionsspezifisches Teilsystem moderner Gesellschaften« (Erler, 1996, S. 15). Sie hat als Institution eine Vermittlungsfunktion. Sie bindet Heranwachsende an die Gesellschaft, indem sie Normen und Werte weitergibt, (an)erzieht und auch überwacht. Dies geschieht durch Sozialisation und wirkt auf das Individuum. Doch dieses steht in Wechselbeziehung zu den Sozialisationsinstanzen und Subsystemen und wirkt dadurch auch auf die Gesellschaft.

Ein gutes Beispiel ist historisch gesehen die oben beschriebene Normalfamilie der 1950er/1960er Jahre und die sexuelle Revolution in den 1960er Jahren, die die gesellschaftliche Sexualkultur veränderte. Die Nachkriegszeit in der Bundesrepublik Deutschland war geprägt von einer erdrückenden Sexualmoral (Neubauer, 2008, S. 372f.). Es wurde politisch ein Ideal der Familie und Ehe propagiert, das auch gesellschaftlich weit verbreitet war und akzeptiert gelebt wurde. Das Ideal entsprach der oben genannten Normalfamilie, in der früh geheiratet wurde, zwei Kinder die Regel waren, der Mann als Ernährer und die Frau als Mutter und Hausfrau fungierte (vgl. Erler, 1996, S. 13). Sexualität war an dieses Ideal gekoppelt und Abweichungen wurden politisch und gesellschaftlich nicht toleriert. Die Moralvorstellungen in Bezug auf Partnerschaft und Sexualität wurden rechtlich gestützt, um dieses Ideal zu befördern. Diese Sexualkultur wurde über verschiedene Sozialisationsinstanzen an Heranwachsende weitergegeben, die Familie nahm hier eine wichtige Rolle ein. Dieses enge Korsett wurde von der heranwachsenden jungen Generation kritisiert und schließlich gesprengt und veränderte die Kultur (vgl. Schmidt, 2005, S. 153, 166; 1991, S. 47–50). Dennoch wirken bis heute gerade im familiären Kontext Bilder und Vorstellungen aus dieser Zeit und beeinflussen unsere Haltungen und Handlungen. Sigusch sagt, die sexuelle Revolution habe in Bezug auf das Verhalten darin bestanden, dass Jugendliche etwa drei Jahre früher mit sexuellen Aktivitäten begannen, die männliche Dominanz abnahm, die moralischen Grenzen erweitert wurden, aber die Wertvorstellungen über Familie, Liebe und Treue im Kern erhalten blieben (Sigusch, 2005, S. 34f.). In den 1960er Jahren begann die Veränderung der Ehe-Familie zu anderen familiären Lebensformen in den modernen Industriestaaten mit einer Vielfalt an Möglichkeiten, die bis heute andauert. Dies ist eng verbunden mit der Individualisierung, Mobilität und Konsumorientierung in den Industriestaaten.

Soziale Bindungen scheinen dennoch wichtig, unterliegen aber mehr temporären Begrenzungen. Die *eine* Ehe wurde abgelöst von der passageren Monogamie[4]. Beziehungen sind wichtig, aber wechseln im Lebensverlauf (vgl. Schmidt, 2005, S. 21–40; Sigusch, 2005, S. 35). Dabei scheint die Lebensform Familie wieder mehr Autonomie im gesellschaftlichen Prozess gewonnen zu haben, sie ist – das zeigt auch die oben vorgenommene Begriffsbestimmung – nicht richtig zu fassen. Das Mehr an Freiheit bedeutet aber auch ein Mehr an Verantwortung. Ein eng begrenztes moralisches Fenster mit klaren Normen und Werten behindert die Entfaltung und Entwicklung zu einer selbstbestimmten Persönlichkeit, gibt aber Orientierung und legt die Grenzen fest. Diese sind heute oft diffus und müssen selbst (heraus)gefunden werden, dafür gibt es eine größere Vielfalt. Vielfalt ohne Grenzen kann aber auch zu Überforderung und zu Re-Traditionalisierung führen. Um sich im

---

4 Unter passagerer Monogamie sind mehrere aufeinander folgende Liebesbeziehungen mit gegenseitiger Treue der jeweiligen Partner im Lebenslauf zu verstehen (Partnermobilität; vgl. Sigusch, 2005, S. 35).

»Sexualrummel«, wie Sielert sagt, zurechtzufinden, brauchen Heranwachsende Begleitung und Unterstützung (vgl. Sielert, 2004, S. 1–7). Hier liegen Aufgabe und Bedeutung der Familie als gesellschaftliche Instanz in der heutigen Zeit.

Die Familie entwickelt als eigenständige Sozialisationsinstanz eine eigene familiäre Sexualkultur und gestaltet den Umgang mit Sexualität im familiären Kontext. Die gelebten Werte und Normen einer Familie tragen Heranwachsende in andere Sozialisationsinstanzen, wo diese mit den institutionellen und gesellschaftlichen, Normen, Werten und persönlichen Haltungen abgeglichen und konfrontiert werden. Ebenso wirken Eltern durch ihr Fördern, Behindern oder auch ihre Gleichgültigkeit am Sozialisationsprozess insgesamt mit. Familiäre Sexualkultur ist an die gesellschaftliche kulturelle Entwicklung gekoppelt und steht im Austausch und in Wechselbeziehung mit den anderen Sozialisationsinstanzen und der dort gelebten Sexualkultur (vgl. Linke, 2012, S. 21). Doch durch den Bedeutungsverlust, den die Institution Familie aufgrund der gesellschaftlichen Situation und damit einhergehender Entwicklungen – wie die zahlenmäßige Schrumpfung der Kernfamilien oder die Instabilität der Beziehungsdauer – erfährt, werden die anderen Instanzen wichtiger und gerade in Großstädten gewinnt die subkulturelle Vernetzung an Bedeutung (vgl. Sigusch, 2005, S. 38f.).

2.3 Bedeutung weiterer Sozialisationsinstanzen und -bedingungen

Schule und Bildungseinrichtungen

Nach der primären, meist familiären Sozialisation im Kleinkindalter verbringen Kinder an Wochentagen die meiste Zeit in vorschulischen oder schulischen pädagogischen Einrichtungen. Der Zeitpunkt, wann Kinder eine außerfamiliäre Einrichtung besuchen, ist in hohem Grade kulturabhängig. Hier gibt es innerhalb Europas erhebliche Unterschiede, auch zu den unmittelbaren Nachbarländern Deutschlands (vgl. Wolf & Grgic, 2009, S. 18f., 35f.). Durch die Teilung Deutschlands und die unterschiedliche Familienpolitik der beiden deutschen Staaten bis 1990, gab es auch bei der Betreuung und Erziehung von Kindern unter-

2.3 Bedeutung weiterer Sozialisationsinstanzen und -bedingungen

schiedliche Entwicklungen, die bis heute in den Bundesländern spürbar sind. In den neuen Bundesländern besteht bis heute eine höhere Dichte an (Ganztags-)Betreuungsplätzen im Kleinkindalter. Die Unterbringung von Kindern ab dem ersten Lebensjahr in einer Einrichtung war in der DDR gesellschaftlich breit akzeptiert und wurde politisch gefordert und gefördert. In der BRD war und ist es bis heute in weiten Teilen üblich, Kinder länger, zum Teil bis zur Einschulung, überwiegend in der Familie aufzuziehen. Dänemark ist ein aktuelles Beispiel für eine gesellschaftliche Kultur der frühen Betreuung in pädagogischen Einrichtungen. Deutschland liegt hier unter dem europäischen Durchschnitt (vgl. Wolf & Grgic 2009, S. 24, 31). Ein gesetzliches Recht auf einen Kinderbetreuungsplatz ab dem vollendeten ersten Lebensjahr existiert in der Bundesrepublik erst seit dem 01.08.2013 (BMFSJ, 2013, online).

Dies zeigt, dass Familie als Sozialisationsinstanz und ihre Wirkung in der primären und am Beginn der sekundären Sozialisation nicht pauschal beschrieben werden kann, sondern von der jeweiligen Gesellschaft und deren Kultur abhängig ist. Spätestens mit dem Eintritt in die Schule wird jedoch eine Sozialisationsinstanz aktuell, die in Deutschland und in der Regel auch in anderen Industrieländern unumgänglich ist. Das Schuleintrittsalter schwankt in Europa zwischen 4 und 7 Jahren (Wolf & Grgic, 2009, S. 17). Neben der Familie wird die Schule für viele Jahre zu einer wichtigen, zum Teil zur wichtigsten Instanz bei der Sozialisation.

Die Schule nimmt neben der Familie eine wichtige Funktion bei der sexuellen Aufklärung ein. In der BRAVO-Studie gaben 52% der Mädchen und 49% der Jungen an, dass Schule/Lehrer ihre ersten Ansprechpartner zu Liebe und Sexualität waren. Besonders bei sachlichen Fragen, wie zum Beispiel zum Thema Verhütungsmittel, hat die Schule eine wichtige Funktion (BRAVO-Studie, 2009, S. 16f.). In der Jugendsexualitätsstudie der BZgA wird die Schule von allen Jugendlichen als häufigste Quelle der Sexualaufklärung genannt. Dies bezieht sich ebenfalls hauptsächlich auf die Wissensvermittlung zu Sexualität, als Ansprechpartner_innen bei persönlichen Fragen werden eher Eltern und Freunde konsultiert. Unterschiede zeigen sich bei Geschlechtszugehörigkeit und Migrationshintergrund, aber die Werte zwischen 71% und 85% zeigen in allen Gruppen eine hohe Akzeptanz. Vor allem bei Jugendlichen, die aufgrund ihres sozialen Umfeldes wenig beziehungsweise eingeschränkte Sexualaufklärung im außerschulischen Bereich erfahren, nimmt die Schule eine wichtige Position ein (vgl. BZgA, 2010, S. 40). Bei den Themen, die im Rahmen des Unterrichts besprochen werden, zeigen sich große Unterschiede. Es gibt Themen, die vernachlässigt werden, zum Beispiel Pornografie, Prostitution, aber auch Schwangerschaftsabbruch und sexualisierte Gewalt. Dagegen gibt es einen Kanon von sechs Hauptthemen: anatomisches Wissen über die Geschlechtsorgane, Regel, Eisprung, fruchtbare Tage, Geschlechtskrankheiten, körperliche Entwicklung, Empfängnisverhütung, Schwangerschaft und Geburt. Dies waren auch in der fünf Jahre zuvor durchgeführten Befragung die angegebenen Hauptthemen schulischer Sexualaufklärung (vgl. BZgA, 2010, S. 42f.).

Mediensozialisation und Mediennutzung

In den ersten Entwicklungsjahren ist die Mediennutzung in der Regel noch stark in das familiäre Leben eingebettet und von den medialen Gewohnheiten der Eltern und der wichtigen familiären Bezugspersonen abhängig (vgl. Paus-Hasebrink, 2009, S. 20f.). Medien können entstehende Lücken füllen und werden von Kindern und Jugendlichen als Orientierungsgeber, Informationsbörse, Wissensquelle, aber auch zur strukturierenden Alltagshilfe genutzt. Hier spielen neben den Eltern mit zunehmendem Alter auch Pädagog_innen eine entscheidende Rolle. Sie können durch Vorbildwirkung und Kompetenzvermittlung die Mediennutzung und die daraus entstehenden Konsequenzen beeinflussen (vgl. Paus-Hasebrink, 2009, S. 24).

Bei Jugendlichen wird oft angenommen, dass Medien einen großen Einfluss haben und dieser Einfluss meist eine negative Wirkung. Es lassen sich allerdings auch positive Einflüsse beschreiben. Jedoch können beide nicht eindeutig empirisch belegt werden (vgl. Aufenanger, 2004, S. 6f.). Da Medien sich heute in einem hohen Tempo entwickeln, kann es keine über einen längeren Zeitraum gültige Theorien und Ergebnisse geben, aus denen langfristig anwendbare Handlungsanweisungen für Eltern und Pädagog_innen abgeleitet werden können (vgl. Aufenanger, 2004, S. 9). Eltern müssten sich permanent aktiv mit den Medien auseinandersetzen, um sie sich zu erschließen, ihre Wirkung beurteilen und erzieherisch handeln zu können. Gleiches gilt für Pädagog_innen, die zudem ihrer Aufgabe, der Entwicklung und des Einsatzes medienpädagogischer Konzepte, im Austausch mit den Eltern nachkommen müssten.

In einer Studie über die Mediennutzung in ökonomisch benachteiligten Familien beschreibt Paus-Hasebrink, dass Medien eine wichtige Rolle in den Familien einnehmen und in einigen zum wichtigsten Sozialisationsfaktor geworden sind. Medien, vor allem das Fernsehen, sind oft ein finanzierbarer Ersatzfaktor zu anderen, finanziell unerschwinglichen Freizeitalternativen in den untersuchten Familien (vgl. Paus-Hasebrink, 2009, S. 22f.). Bereits im Grundschulalter werden die Kinder oft mit den Medien allein gelassen, die sie ohne Anleitung nutzen. Den Kindern wird ein hohes Maß an Selbstverantwortung und Medienkompetenz vonseiten der Eltern unterstellt. Für die Untersuchung einer Sexualkultur ist das sehr interessant, da Medien, zum Beispiel das Fernsehen und das Internet, in sensiblen Entwicklungsphasen einen großen Einfluss haben. Dies betrifft zum Beispiel die Entwicklung der Identität, die Verinnerlichung von sozialen Rollen oder die Ausprägung der Moral (vgl. Paus-Hasebrink, 2009, S. 24).

In der BZgA-Studie zur Jugendsexualität 2010 wird die Bedeutung von Medien bei der Sexualaufklärung deutlich, vor allem das Internet hat im Vergleich zur Studie von 2005 als Quelle an Bedeutung weiter gewonnen. Unterschiede zeigen sich bei der Geschlechtszugehörigkeit und beim Migrationshintergrund (BZgA, 2010, S. 56f., 61). Bei den Jungen steht das Internet an erster Stelle (46% der Jungen mit Migrationshintergrund, 36% Jungen ohne Migrationshintergrund), weit vor allen anderen Möglichkeiten. Bei den Mädchen nehmen die Printmedien noch die erste Stelle ein (ohne Migrationshintergrund: 36%, mit Migrationshintergrund: 39%), das Internet steht an vierter Stelle (ohne Migrationshintergrund: 28%, mit Migrationshintergrund: 31%) (vgl. BZgA, 2010, S. 56). Bei der Erfassung der allgemeinen Internetnutzung zeigt sich in der Studie, dass fast 98% der Jugendlichen ohne Migrationshintergrund das Internet nutzen, 94% verfügen über einen Internet-Anschluss zu Hause. Auch hier gibt es Abweichungen, bezogen auf die Geschlechtszugehörigkeit und den Migrationshintergrund, die sich vor allem auf die Nutzungsstruktur beschränken. Jugendliche mit Migrationshintergrund nutzen weniger häufig die Anschlüsse zu Hause (Mädchen zu 81%, Jungen zu 90%). (BZgA, 2010, S. 63f.).

In der BRAVO-Studie gaben etwa zwei Drittel der Jugendlichen an, dass sie schon einmal einen Porno geschaut haben. Hauptquellen waren das Fernsehen und das Internet. Nur ein Drittel dieser Jugendlichen schaut Pornos allein, etwa 50% sehen sich pornografische Filme und Bilder im Freundeskreis an. Regelmäßig konsumieren nur 8% der Jungen und 1% der Mädchen Pornografie (BRAVO-Studie, 2009, S. 97–99).

Die heutigen Kinder und Jugendlichen werden nicht zufällig als die »digital natives« bezeichnet. Sie wachsen in einer medialen Welt auf, die sie oft nicht mehr in »online« und »offline« differenzieren. Dies unterscheidet sie deutlich von ihrer Eltern- und Großelterngeneration. Doch wer Kinder erzieht, als Eltern oder Professionelle, braucht Medienkompetenz, um Kinder und Jugendliche nicht allein mit dieser Sozialisationsinstanz zu lassen. Über die Medien wird Wissen zu Sexualität vermittelt, werden Partnerschaften eingegangen und beendet, und es passieren wie im realen Leben sexuelle Übergriffe. In der PARTNER 4-Studie gaben 45% der Mädchen und 14% der Jungen an, im Internet bereits sexuelle Belästigungen und Übergriffe erlebt zu haben (vgl. Weller, 2013a, 2013b; PARTNER 4-Studie, 2013).

Pubertät und Peer-Group – Ablösungsprozesse von der Familie

Mit zunehmendem Alter lösen sich in der Regel Kinder von ihren Eltern. Spätestens mit dem Eintreten der Pubertät wird dieser Ablösungsprozess deutlich. Dies ist in der entwicklungspsychologischen und soziologischen Landschaft weitgehend Konsens. Das Einsetzen der Pubertät war historisch an die biologische Entwicklung und Reife gekoppelt und veränderte sich durch die biologische Akzeleration[5] im Lauf der letzten 100 Jahre. Gemessen wird dies am Einsetzen der Menarche bei Mädchen und der Ejakularche bei Jungen. Dies kann für die heutige Zeit als alleiniges Merkmal nicht mehr gelten.

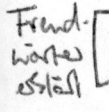

---

[5] Biologische Akzeleration: Jugendliche werden, vor allem in den Industrieländern, immer früher geschlechtsreif.

2.3 Bedeutung weiterer Sozialisationsinstanzen und -bedingungen

Durch die kulturelle Akzeleration[6] kommen Kinder und Jugendliche bereits früher mit sexuellen Themen in Kontakt. Hier sind neben der Familie und den Medien die sozialen Kontakte zu Freunden von Bedeutung. Im Jugendalter hängen die Mediennutzung und die sozialen Kontakte in der Peer-Group eng zusammen. Der Ablösungsprozess von der Familie schafft neue Rahmenbedingungen für die Sozialisation. Dadurch bieten sich neue Entwicklungschancen und es besteht die Möglichkeit zur Veränderung (vgl. Böhnisch & Winter, 1997, S. 56; Linke, 2007, S. 54f.; Schmidt 2008, S. 386f.). Allerdings sind diese Chancen von den gesellschaftlichen und familiären Bedingungen abhängig. Hier sind zum einen geschlechtsspezifische Unterschiede im praktischen Umgang sichtbar. Jungen erhalten von ihren Eltern meist mehr Freiräume als Mädchen (vgl. Neubauer, 2008, S. 378). Zum anderen spielen sozioökonomische Bedingungen und die geografischen Gegebenheiten (Stadt – Land) eine Rolle. Denn neben den eigenen Ressourcen der Jugendlichen sind die Rahmenbedingungen, Freiräume und Hilfestellungen für die Entwicklungsmöglichkeiten ausschlaggebend (vgl. King, 2000, S. 95f.).

Der Zeitpunkt der geschlechtlichen Reife und dessen Verschiebung lässt sich durch aktuelle Studien belegen. Die meisten Jungen und Mädchen werden im Alter zwischen 12 und 13 Jahren geschlechtsreif (vgl. BZgA, 2010, S. 98–100; Bravo-Studie 2009, S. 55). Die Vorverlagerung in den zurückliegenden Jahrzehnten lässt sich durch die Langzeitbeobachtung der BZgA nachweisen. Bei den 14–17-jährigen Mädchen gaben 2009 43% der Mädchen an, im Alter von zwölf Jahren und darunter ihre erste Menstruation gehabt zu haben. 1980 waren es 35%, die 1980 befragten Mütter der Mädchen gaben zu 17% diesen Zeitraum an. Bei den Jungen gaben 2009 13% an, dass sie ihren ersten Samenerguss vor dem zwölften Geburtstag hatten, 1980 waren es 7% (vgl. BZgA, 2010, S. 99f.). In der 2013 abgeschlossenen PARTNER 4-Studie bestätigt sich die fortschreitende Akzeleration. Vor dem 13. Geburtstag hatten 46% der Mädchen ihre Regel (1990: 39%) und 32% der Jungen ihren ersten Samenerguss (1990: 11%) (vgl. Weller, 2013a, 2013b).

---

6 Kulturelle Akzeleration: beschleunigte Entwicklung der Gesellschaft, Werte und Normen werden ständigen und immer schneller werdenden Änderungen unterworfen, durch den Einfluss der Medien kommen Kinder/Jugendliche heute viel früher mit Sexualität in Kontakt.

Bei den Ansprechpartnern zum Thema Aufklärung, die oben bereits in Bezug auf Eltern und Schule eine Rolle gespielt haben, nehmen die Freund_innen der Heranwachsenden hinter diesen die drittstärkste Position ein. Vor allem bei intimen Fragen und emotionalen Themen sind Freund_innen wichtige Ansprechpartner_innen (vgl. BRAVO-Studie, 2009, S. 16f.). Es zeigen sich hier geschlechtsspezifische Unterschiede, 50% der Mädchen geben Freund_innen als Gesprächspartner_innen über Sexualaufklärung an, bei den Jungen sind es nur 29%. Bei den Mädchen ist hier auch im Langzeittrend ein Anstieg sichtbar (vgl. BZgA, 2010, S. 9-14). Bei den Vertrauenspersonen für sexuelle Fragen geben fast zwei Drittel der Mädchen und über die Hälfte der Jungen ihre beste_n Freund_innen an, gefolgt von den Müttern (vgl. BZgA, 2010, S. 17-20). Auch in der PARTNER 4-Studie sind Freund_innen eine der wichtigsten Personengruppen, die zum Wissen über Sexualität beitragen. Im Gegensatz zu den anderen Studien stellen hier Partner_innen eine zweite wichtige Gruppe dar (vgl. Weller, 2013a, 2013b). Dies könnte sich durch das höhere Alter der Jugendlichen in der PARTNER 4-Studie gegenüber der BZgA- und der BRAVO-Studie erklären.

Bei der Mediennutzung geben über 90% der Jugendlichen an, zu Hause das Internet zu nutzen, bei Freund_innen und in der Schule nutzen die Hälfte der Heranwachsenden das Internet (vgl. BZgA, 2010, S. 63f.). Bei dem Konsum von Pornos spielen Freund_innen anscheinend ebenfalls eine zentrale Rolle, 48% schauen Pornos bei Freund_innen, 50% schauen Pornos mit Freund_innen (vgl. BRAVO-Studie, 2009, S. 99).

Es zeigt sich, dass Freund_innen und Partner_innen neben der Familie, Schule und Medien den wichtigsten Part bei Fragen zum Thema Sexualität einnehmen, was die Stellung der Peer-Group als Sozialisationsinstanz untermauert. Auch die Wechselbeziehung der einzelnen Instanzen wird deutlich. Gerade die Mediennutzung hängt vom Setting und den Möglichkeiten ab und ist mit Familie, Schule und Peer-Group eng verknüpft. Jugendliche, die zu Hause weniger Aufklärung erfahren, geben dies auch für die Schule an (vgl. BZgA, 2010, S. 30-32).

Bei Jugendlichen die Einrichtungen mit niedrigerem Bildungsniveau besuchen oder einen Migrationshintergrund haben, zeigen sich in Studien zum Teil deutliche Unterschiede zur Gesamtpopulation der Studien. Dies bezieht sich auf ihr sexuelles Wissen, Erleben, Verhalten und ihre

2.3 Bedeutung weiterer Sozialisationsinstanzen und -bedingungen

Einstellungen und es zeigt sich, dass sie andere familiäre und schulische Voraussetzungen haben, um hier Kompetenzen erwerben zu können. In der Studie der BZgA finden sich zum Beispiel folgende Ergebnisse:

Haupt- und Sonderschüler_innen, insbesondere Mädchen, haben überdurchschnittlich oft keine Vertrauensperson, mit der sie über Sexualität reden können (vgl. BZgA, 2010, S. 16). Für Jungen mit Migrationshintergrund ist die Schule der wichtigste Ort für Aufklärung (vgl. BZgA, 2010, S. 7, 12). Schülerinnen (deutsch und mit Migrationshintergrund) aus Haupt- und Sonderschulen haben häufiger eine Beratungsstelle besucht, als Schülerinnen anderer Schulformen (vgl. BZgA, 2010, S. 53). Mädchen, die eine Haupt- oder Sonderschule besuchen, haben in allen Jahrgängen mehr sexuelle Erfahrungen als Gymnasiastinnen, sie verhüten beim ersten Mal mehr als halb so oft wie Gymnasiastinnen (vgl. BZgA, 2010, S. 110, 149). Mädchen mit Migrationshintergrund sind deutlich häufiger von sexueller Gewalt betroffen (BZgA, 2010, S. 195).

In der PARTNER 4-Studie (2013) zeigt sich bei den Familien mit Jugendlichen im BVJ (Berufsvorbereitungsjahr) und mit Migrationshintergrund ein deutlich größeres Nacktheits-Tabu in der Familie und die familiäre Kommunikation über sexuelle Themen ist bedeutend schwieriger. Jugendliche aus dem BVJ lehnen Freundschaften zu männlichen Homosexuellen oder die Möglichkeit des Schwangerschaftsabbruchs überdurchschnittlich hoch ab. Sie geben an, dass Lehrer_innen und Sexualpädagog_innen sehr viel weniger zu ihrer Sexualaufklärung beitragen, als in der Gesamtpopulation, obwohl zeitlich keine Unterschiede bei den Angeboten angegeben werden (vgl. Weller, 2013b).[7]

Die kulturellen und sozialen Bedingungen beeinflussen die sexuelle Reife der Heranwachsenden. Ob und wie Jugendliche ihre Entwicklungschance während der Pubertät nutzen können, ob sie sich emanzipieren und Werte und Normen ändern und wie sie sich physisch und psychisch entfalten, ist für die gesellschaftliche Entwicklung nicht unerheblich. Denn es ist die Generation, die mit dem Eintritt in das Erwachsenenalter und einer eventuellen Familiengründung die Fortführung und/oder den Wandel der (familiären) Sexualkultur übernimmt und die als Individuen und Eltern die Sozialisationsinstanz der Familie führen.

---

7 Die Ergebnisse der PARTNER 4-Studie werden an dieser Stelle nur genannt. In Kapitel 4 wird auf diese Ergebnisse ausführlicher eingegangen.

2 Sozialisation und Familie

Ziel: Individuum soll gesellschaftlich kompatibel sein, um diese zu erhalten.

Störungen

Der Sozialisationsprozess unterliegt Störungen, z.B. Scheidung/Trennung der Eltern, Verwahrlosung, Vernachlässigung, Gewalt, Leistungsdruck, normabweichendes Verhalten, Eingruppierung im Schulsystem, Krankheiten, psychische Störungen, Drogen ...

Freunde/Peer-Group

Familie

Sozialisationsinstanzen (Auswahl)

Gesellschaft

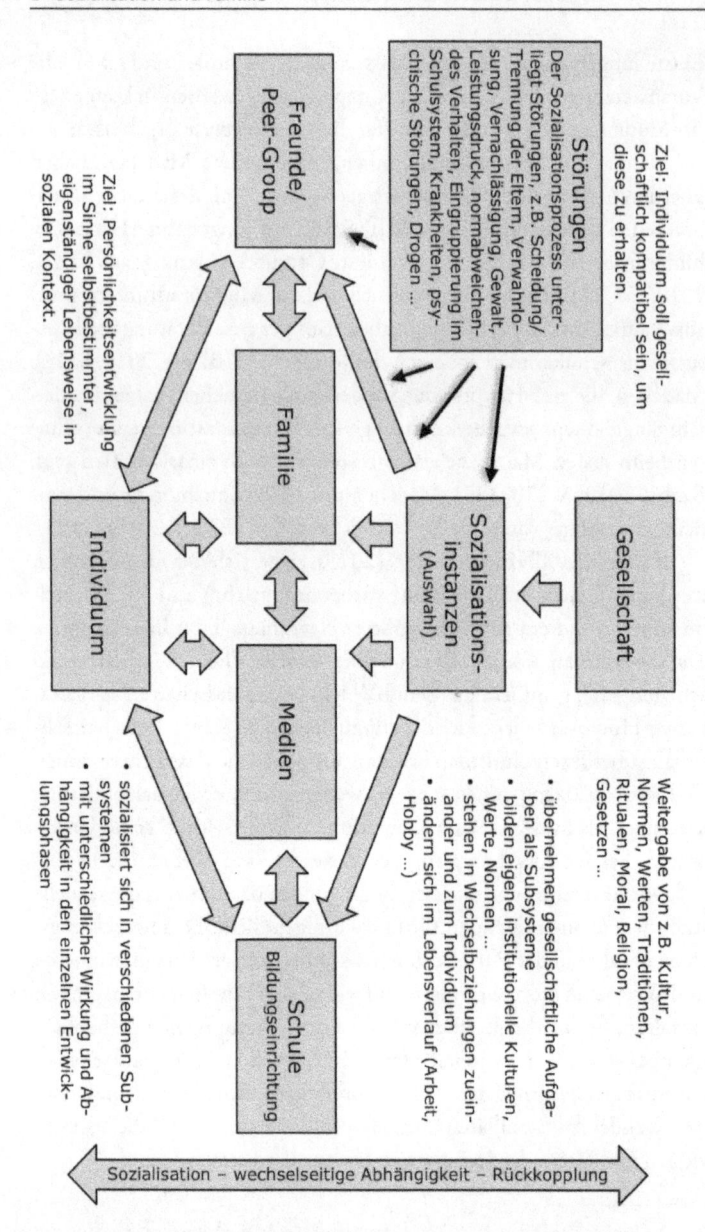

Individuum

Medien

Schule Bildungseinrichtung

Weitergabe von z.B. Kultur, Normen, Werten, Traditionen, Ritualen, Moral, Religion, Gesetzen ...

- übernehmen gesellschaftliche Aufgaben als Subsysteme
- bilden eigene institutionelle Kulturen, Werte, Normen ...
- stehen in Wechselbeziehungen zueinander und zum Individuum
- ändern sich im Lebensverlauf (Arbeit, Hobby ....)

Ziel: Persönlichkeitsentwicklung im Sinne selbstbestimmter, eigenständiger Lebensweise im sozialen Kontext.

- sozialisiert sich in verschiedenen Subsystemen
- mit unterschiedlicher Wirkung und Abhängigkeit in den einzelnen Entwicklungsphasen

Sozialisation – wechselseitige Abhängigkeit – Rückkopplung

Abbildung 2: Sozialisation von Kindern und Jugendlichen

36

2.4 Institutionen der Kinder- und Jugendhilfe

Jugendhilfe und Sexualität – eine Bestandsaufnahme

Die Arbeit der Fachkräfte in der bundesdeutschen Kinder- und Jugendhilfe ist im SGB VIII rechtlich geregelt. Eines der übergeordneten Ziele bundesdeutscher Kinder- und Jugendpolitik ist die Vermeidung von Kindeswohlgefährdung. Die Politik der deutschen Jugendhilfe und deren Umsetzung kümmern sich deshalb primär um die Bewahrung vor möglichen Schäden und vernachlässigen dabei oft die Förderung. Sowohl die politischen Debatten als auch die Arbeit der Fachkräfte sind häufig mehr vom Inhalt des § 8a SGB VIII, der den Schutzauftrag bei Kindeswohlgefährdung regelt, bestimmt als vom § 1 SGB VIII (Recht auf Erziehung, Elternverantwortung, Jugendhilfe), in dem es in Absatz 1 heißt: »Jeder junge Mensch hat ein Recht auf Förderung seiner Entwicklung und auf Erziehung zu einer eigenverantwortlichen und gemeinschaftsfähigen Persönlichkeit.« Die Jugendhilfe ist verpflichtet, diesen Absatz umzusetzen. Dieser Umstand wird besonders beim Thema Sexualität deutlich, das meist auf sexualisierte Gewalt und sexuellen Missbrauch reduziert wird und nicht erweitert auf eine Förderung zu selbstbestimmter Sexualität. Bei den im Rahmen der Jugendhilfe tätigen Projekten, die sexuelle Bildung anbieten, überwiegt oft der rein präventive Charakter gegenüber dem Fördernden. Im insgesamt sehr breiten Arbeitsfeld der Jugendhilfe machen diese Projekte nur einen kleinen Teil aus. Zudem arbeiten sie als externe Unterstützer und Dienstleister auch intensiv in der schulischen Sexualpädagogik und nicht explizit in der und für die Jugendhilfe (vgl. Winter, 2008, S. 585–593). In den stationären/teilstationären Einrichtungen finden sich mitunter sexualpädagogisch orientierte Konzepte oder die temporäre projektbezogene Zusammenarbeit mit externen professionellen Mitarbeitern. Meist überwiegt aber auch hier das Reagieren auf problematische Situationen (vgl. Winter, 2008, S. 589). Für die Arbeit mit und in den Familien sind die vorhandenen Projekte der sexuellen Bildung in der Regel nicht relevant.

Für die intensiv mit und in Familien arbeitenden Hilfen steht der oben genannte Schutzauftrag im Zentrum ihrer Arbeit, da sie auch rechtlich in der Verantwortung stehen:

2 Sozialisation und Familie

»Allen in der Jugendhilfe tätigen Fachkräften obliegt der Schutz der von ihnen in ihrem jeweiligen Arbeitsfeld zu beratenden und zu betreuenden Kinder und Jugendlichen vor Misshandlung, Vernachlässigung und sexuellem Missbrauch (§§ 1 Abs. 3 Zi.3; 8a SGB VIII in Verbindung mit § 1666 BGB). In der Sozialpädagogischen Familienhilfe (SPFH) schließt dieser Schutzauftrag alle der betreuten Familie zugehörigen Kinder und Jugendlichen ein. Die Fachkräfte der SPFH nehmen gegenüber diesen Kindern und Jugendlichen eine so genannte Garantenstellung ein« (LJA Brandenburg, 2009, S. 5).

Und weiter:

»Aus der Garantenstellung folgt die Pflicht, Kinder vor Gefahren für ihr Wohl zu schützen. Diese Verpflichtung hat strafrechtliche Relevanz (§ 13 StGB). Fachkräfte der Jugendhilfe, die eine (Beschützer-)Garantenstellung innehaben, können strafrechtlich zur Verantwortung gezogen werden, wenn sie es trotz Kenntnis einer (drohenden) Kindeswohlgefährdung unterlassen, durch fachlich gebotenes Handeln einen Schaden von dem Kind oder Jugendlichen abzuwenden ...« (LJA Brandenburg, 2009, S. 5).

Aufgrund dieser politischen und gesetzlichen Ausrichtung verwundert es nicht, dass auch die Fachliteratur hauptsächlich darauf ausgerichtet ist. Dies ist insofern wichtig, als die Fachkräfte wegen der rechtlichen Verantwortung professionell auf dieses Thema vorbereitet werden und damit umgehen müssen. Für die SPFH ist hier das Standardwerk »Handbuch Sozialpädagogische Familienhilfe« (vgl. Helming et al., 1999) zu nennen. Conen hat darin einen Beitrag zur Arbeit der SPFH bei sexuellem Missbrauch in Familien verfasst (Conen, 1999, 382–398). Auch andere Beiträge in der Literatur, die sich mit Jugendhilfe und Sexualität beschäftigen, konzentrieren sich auf das Thema sexualisierte Gewalt, mit dem eine tiefgründige Auseinandersetzung erfolgt (zum Beispiel Amyna 2001; Conen 2001, 2005; Fegert & Wolf 2006; Hartwig & Hensen 2008). Die großen Wohlfahrtsverbände oder Träger der Jugendhilfe haben hier Stellungnahmen oder Handlungsempfehlungen für ihre Mitarbeiter_innen erarbeitet (zum Beispiel Diakonie, 2012; DPW, 2010; DRK, 2012; Senat Berlin, 2009). Diese Texte beziehen

2.4 Institutionen der Kinder- und Jugendhilfe

sich stark oder ausschließlich auf die stationären/teilstationären Angebote. Es bleibt die nüchterne Erkenntnis, dass sich zur ganzheitlichen Betrachtung der Sexualität im Arbeitsalltag der Jugendhilfe und speziell im Kontext der ambulanten Hilfen zur Erziehung wenig findet. Dies spiegelt sich auch in der Ausbildung wieder. Nur an der Hochschule Merseburg ist im Studium der Sozialen Arbeit eine Schwerpunktausbildung für sexuelle Bildung integriert, und an der Universität Kiel gibt es die Möglichkeit eines Wahlpflichtseminars, an anderen Hochschulen gibt es – wenn überhaupt – nur vereinzelte Veranstaltungen (Müller, 2008, S. 757–768; Sielert, 2008, S. 727–737; Weller, 2008, S. 739–747).

Es soll nicht der Eindruck entstehen, dass die inhaltliche Arbeit und die Beschäftigung mit dem Thema sexualisierte Gewalt für die Kinder- und Jugendhilfe weniger wichtig wären oder sein sollten, vielmehr soll an dieser Stelle auf das Ungleichgewicht zwischen Prävention und Förderung sowie die fehlende Auseinandersetzung mit Sexualität aus einer ganzheitlichen Sicht[8] hingewiesen werden. Dabei ergibt sich aus § 1 SGB VIII auch ganz klar der Auftrag der Persönlichkeitsförderung und des Schaffens positiver Lebensbedingungen. Diesem Auftrag wird die Kinder- und Jugendhilfe in der Bundesrepublik in Bezug auf die Sexualität nicht gerecht. Dies wird deutlicher, wenn die Definition der Bundeszentrale für gesundheitliche Aufklärung (vgl. BZgA, 1994), die auf der Definition der Weltgesundheitsorganisation (WHO) basiert, zugrunde gelegt wird:

> »Sexualität ist ein existentielles Grundbedürfnis des Menschen und ein zentraler Bestandteil seiner Identität und Persönlichkeitsentwicklung. Sexualität umfasst sowohl biologische als auch psychosoziale und emo-

---

8   Es gibt keine befriedigende Definition, was unter ganzheitlicher Sicht zu verstehen ist. Auf Aristoteles soll die Aussage zurückgehen, »Das Ganze ist mehr als die Summe seiner Teile.« Dies gilt auch für den Blick auf Sexualität. Der Fokus auf einzelne Bereiche sexueller Entwicklung und sexuellen Verhaltens und die Aussparung anderer Themen kann den menschlichen Bedürfnissen nur unzureichend gerecht werden. Die Definitionen der BZgA und der WHO zu Sexualität und sexueller Gesundheit liefern hier eine gute Ausgangsbasis, um eine ganzheitliche Sicht zu entwickeln.

tionale Tatbestände und Vorgänge. Die Ausgestaltung von Sexualität deckt ein breites Spektrum von positiven bis zu negativen Aspekten ab, von Zärtlichkeit, Geborgenheit, Lustempfinden, Befriedigung, bis hin zu Gewaltanwendung und Machtausübung. Menschen leben und erleben Sexualität unterschiedlich. Sie ist ein wichtiges Element der individuellen Lebensweise« (BZgA, 1994, S. 3).

Die Kinder- und Jugendhilfe begleitet Heranwachsende während ihrer sozio- und psychosexuellen Entwicklung, gemeinsam mit und ergänzend zu den Sozialisationsinstanzen Familie und Schule. Sie arbeitet aber auch oft mit dem Auftrag, Defizite dieser beiden Instanzen auszugleichen. In wichtigen entwicklungspsychologischen Phasen arbeitet sie inhaltlich und zeitlich zum Teil sehr intensiv mit Kindern und Jugendlichen und/oder deren Eltern und Familien. Sie hat als Profession den Auftrag, das Wohl der Kinder zu schützen, zu fördern und Gefährdungen zu vermeiden. Physische und psychische Gefährdung ist auch, eine individuelle Sexualität, nach oben genannter Definition, nicht entwickeln und keine selbstbestimmte Sexualität ausleben zu können, im Sinne des Kindeswohl(befinden)s. Die WHO definiert hier klar: »Sexuelle Gesundheit ist untrennbar mit Gesundheit insgesamt, mit Wohlbefinden und Lebensqualität verbunden. Sie ist ein Zustand des körperlichen, emotionalen, mentalen und sozialen Wohlbefindens in Bezug auf die Sexualität und nicht nur das Fehlen von Krankheit, Funktionsstörungen oder Gebrechen« (WHO, online, 2013). Die Themen Sexualität und sexuelle Bildung sollten daher selbstverständlicher Bestandteil der Arbeit, der Konzepte, der Qualifizierungen und der rechtlichen Beauftragung sein – in der Breite und der Tiefe, nicht in Nischen dieser Profession. Winter schreibt dazu: »Die Jugendhilfe scheint sich in der Breite aus der Sexualpädagogik verabschiedet zu haben« (Winter, 2008, S. 585).

Sozialpädagogische Familienhilfe

Von den Methoden der Kinder- und Jugendhilfe, die im SGB VIII gesetzlich festgelegt sind, arbeiten die ambulanten Hilfen am intensivsten in und mit den Familien. Die stationären Hilfen ersetzen die Her-

2.4 Institutionen der Kinder- und Jugendhilfe

kunftsfamilie in der Regel für einen bestimmten Zeitraum, in dem je nach Hilfebeauftragung auch Elternarbeit integriert sein kann. Bei einer Rückführung in die Herkunftsfamilie wird jedoch meist eine ambulante Hilfe vom Jugendamt installiert. Eine Ausnahme bilden hier Eltern-Kind-Einrichtungen. Zu den ambulanten Hilfen zählen nach dem SGB VIII folgende: § 28 Erziehungsberatung, § 29 Soziale Gruppenarbeit, § 30 Erziehungsbeistand und Betreuungshelfer, § 31 Sozialpädagogische Familienhilfe, § 35 Intensive sozialpädagogische Einzelbetreuung, § 35a Eingliederungshilfe für seelisch behinderte Kinder und Jugendliche und andere beratende oder therapeutisch orientierte Hilfen, zum Beispiel Aufsuchende Familientherapie (AFT § 27). Die ambulanten Hilfen unterscheiden sich durch eine »Komm- und Geh-Struktur«[9]. Im Folgenden sollen zwei Hilfen, die Erziehungsberatung als Vertreterin der »Komm-Struktur« und die Sozialpädagogische Familienhilfe (SPFH) für die »Geh-Struktur« näher betrachtet werden.

Die SPFH ist die am stärksten gewachsene Hilfe in den letzten Jahrzehnten und übertrifft von den Fallzahlen alle anderen aufsuchenden Hilfen (vgl. Frindt, 2010, S. 6–8). Diese sind in der Regel auch nicht so zeitintensiv in Bezug auf die Monatsstunden, die Frequenz der Termine und die Dauer der Hilfe. Die SPFH gehört mit der Erziehungsberatung zu den bedeutendsten Hilfen zur Erziehung (vgl. Frindt, 2010, S. 7). Im Unterschied zu den anderen ambulanten Hilfen deckt die SPFH das größte Feld an möglichen Zielgruppen und Lebenslagen ab. Sie arbeitet sowohl mit Eltern als auch mit Kindern und Jugendlichen aller Altersgruppen. Dabei arbeitet sie in den verschiedensten Situationen mit und in den Familien. Die Komplexität der SPFH ergab sich in ihrer Entwicklung daraus, dass andere familienunterstützende Hilfen für bestimmte Problemlagen nicht ausreichen und eine Reduzierung von Herausnahmen aus den Familien in der Bundesrepublik

---

9 Mit »Komm-Struktur« werden Angebote bezeichnet, die von den Adressat_innen aufgesucht werden müssen, um Unterstützung zu erhalten. Diese Angebote erfordern, dass die Adressat_innen sich darüber informieren und diese selbstständig aufsuchen müssen (zum Beispiel Beratungsstellen). Angebote mit einer »Geh-Struktur« arbeiten aufsuchend, das heißt, sie gehen zu den Adressat_innen (zum Beispiel Streetwork, SPFH). Eine Verbindung beider Strukturen im Hilfeprozess kann diesen positiv beeinflussen, da die Vorteile beider Ansätze genutzt werden können.

angestrebt war. Die SPFH arbeitet meist mit Familien in Unterversorgungslagen (diese können materieller, finanzieller, aber zum Beispiel auch gesundheitlicher Art sein), in denen neben der Sicherung der Existenz und Grundbedürfnisse weitere Problemlagen wie zum Beispiel Erziehungsprobleme, Paarkonflikte, Schulprobleme oder Suchterkrankungen vorliegen können (vgl. Frindt, 2010, S. 8; Helming et al., 1999, S. 6–8, 38–41). Im SGB VIII § 31 wird die Sozialpädagogische Familienhilfe wie folgt definiert:

> »Sozialpädagogische Familienhilfe soll durch intensive Betreuung und Begleitung Familien in ihren Erziehungsaufgaben, bei der Bewältigung von Alltagsproblemen, der Lösung von Konflikten und Krisen sowie im Kontakt mit Ämtern und Institutionen unterstützen und Hilfe zur Selbsthilfe geben. Sie ist in der Regel auf längere Dauer angelegt und erfordert die Mitarbeit der Familie.«

Als häufigste Gründe für die Gewährung von SPFH werden folgende angegeben: 63% »eingeschränkte Erziehungskompetenz« der Eltern, 35% unzureichende Förderung, Betreuung, Versorgung des jungen Menschen und 28% Belastungen des jungen Menschen durch familiäre Konflikte. Zwei Drittel der Familien erhielten 2007 Transfergelder (ALG II, Grundsicherung; vgl. Frindt, 2010, S. 8). Die Hilfedauer beträgt in der Regel ein bis zwei Jahre (vgl. Frindt, 2010, S. 37; Helming et al., 1999, S. 11). Was nicht ausschließt, dass es auch Hilfen über mehrere Jahre oder mehrere Hilfen zur Erziehung nacheinander, mit und ohne zeitliche Pausen zwischen den einzelnen Angeboten gibt. Die wöchentliche Stundenzahl beträgt meist vier bis sechs Stunden, selten werden mehr als zehn Stunden vereinbart. Dies ist nur bei besonderen Krisen üblich (vgl. Frindt, 2010, S. 37f.). Das heißt, dass die Fachkräfte der SPFH im Monat 20 bis 35 Stunden in einer Familie verbringen und dies über einen Zeitraum von ein bis zwei Jahren. Bei einer Hilfe, die so intensiv in und mit Familien arbeitet, kann davon ausgegangen werden, dass Sexualität als Thema in der Arbeit vorkommen kann. Dort wo elterliche Erziehungskompetenz eingeschränkt ist, darf angenommen werden, dass sie es auch im Bereich der Sexualerziehung und der sexuellen Bildung ist und Heranwachsende in ihrer soziosexuellen Entwicklung keine entsprechende Begleitung bekommen. Im Kontext mit den anderen Gründen (unzureichende Förderung/Versorgung, zwischenmenschliche Konflikte) ergibt sich dann eine Vernachlässigung der individuellen Entwicklung insgesamt. Aufgrund der prägenden psychosexuellen Phasen (vgl. Punkt 3), die im Kindes- und Jugendalter durchlaufen werden, behindern Defizite im Bereich der Sexualität Heranwachsende auch im weiteren Leben und stören das menschliche Wohlbefinden nachhaltig. Wie vorher bereits beschrieben wurde, zeigen sich in Studien Zusammenhänge, dass Kinder und Jugendliche, die zu Hause weniger zu sexuellen Fragen aufgeklärt werden oder weniger Ansprechpartner haben, auch in der Schule weniger sexuelle Bildung erhalten. Die Gefahr der unbegleiteten Selbstaufklärung und des Verinnerlichens von Halbwissen durch Medien und Peer-Groups besteht für diese Jugendlichen nicht nur für die Aufklärung im Sexualwissen, sondern auch für die Einstellung zu Sexualität, Partnerschaft und Rollenbildern, die in dieser Zeit geprägt werden.

Mit wie vielen Themen der Sexualität die Fachkräfte der SPFH in Berührung kommen und an wie vielen sie mit der Familie arbeiten, lässt sich empirisch zurzeit nicht repräsentativ belegen. Die Annahme, dass es in der Praxis so ist, begründet sich zum einen aus den genannten Rahmenbedingungen und Aufträgen der SPFH, zum anderen aus den Rückmeldungen einer kleinen Erhebung, die ich in Leipzig durchführte. In den Monaten Februar/März 2013 wurden bei einem Leipziger Träger der Jugendhilfe 40 Familien, die zu dieser Zeit Hilfe zur Erziehung nach §§ 30f. in Anspruch nahmen, per Fragebogen befragt. Der Fragebogen wurde an alle Eltern (leibliche, soziale, Stiefeltern) ausgegeben, insgesamt an 64 Eltern (davon 23 Elternpaare, 16 alleinerziehende Mütter, 2 alleinerziehende Väter). Der Fragebogenrücklauf betrug 32 Bögen (21 weiblich, 11 männlich). Eine weitere Familie, die zu dieser Zeit betreut wurde, wurde nicht befragt, da es eine aktuelle Gewaltproblematik und eine akute Krisensituation gab. Auf die Frage: »Sprechen Sie mit Ihren ambulanten Helfer_innen über sexuelle Themen?« antworteten 19 Befragte bei mindestens einer der Antwortmöglichkeiten mit »Ja«. Neun gaben generell »Nein« an, vier machten keine Angabe. Bei den einzelnen Antwortmöglichkeiten gab es die in Tabelle 1 aufgeschlüsselte Verteilung bei Antwort mit »Ja« (Reihenfolge nach Fragebogen).

a)	psychosexuelle Entwicklung der Kinder	10
b)	Verhütung	5
c)	Schwangerschaftsabbruch	5
d)	Familienplanung/Kinderwunsch	7
e)	Paarbeziehung/Paarsexualität	10
f)	sexualisierte Gewalt/sexuelle Übergriffe	5
g)	andere	3

(davon mit Angabe Gewalt: 1; pädophile Neigung: 1)

Tabelle 1

Das zeigt, dass deutlich mehr als die Hälfte der Befragten die ambulanten Helfer_innen als Ansprechpartner_innen zu sexuellen und partnerschaftlichen Themen nutzt. Auch die Vielfalt der besprochenen Themen und damit die Anforderungen an die Familienhelfer_innen werden deutlich. Die Fachkräfte des Teams bewältigen diese Aufgaben zum großen Teil dank ihres Allgemeinwissens, ihrer Lebens- und Berufserfahrung und ihrer individuellen Weiterbildung. Professionelle Kompetenzen aus der grundständigen Ausbildung und Fort- und Weiterbildungen sind punktuell vorhanden und beziehen sich zum Beispiel auf präventive Themen der sexualisierten Gewalt, die Pubertät, den Bereich frühkindlicher Erziehung und Versorgung oder die Paardynamik. Sexuelle Bildung und sexualpädagogische Basiskompetenzen in der grundständigen Ausbildung wurden nur bei den drei Absolvent_innen der Hochschule Merseburg angeboten und vermittelt.

Erziehungs- und Familienberatung

Die rechtliche Grundlage der Erziehungs- und Familienberatung findet sich ebenfalls im SGB VIII. Im Bereich der Hilfen zur Erziehung (§ 27 SGB VIII) wird diese im § 28 SGB VIII definiert:

> »Erziehungsberatungsstellen und andere Beratungsdienste und -einrichtungen sollen Kinder, Jugendliche, Eltern und andere Erziehungsberechtigte bei der Klärung und Bewältigung individueller und familienbezogener Probleme und der zugrunde liegenden Faktoren, bei der Lösung von Erziehungsfragen sowie bei Trennung und Scheidung unterstützen.

2.4 Institutionen der Kinder- und Jugendhilfe

Dabei sollen Fachkräfte verschiedener Fachrichtungen zusammenwirken, die mit unterschiedlichen methodischen Ansätzen vertraut sind.«

Neben dem § 28 SGB VIII gibt es noch weitere gesetzlich festgelegte Aufgaben, diese sind in den §§ 16–18, 35a und 41 SGB VIII geregelt:
- Fachdienstliche Aufgaben im Rahmen des Kinderschutzes (§ 8a),
- Allgemeine Förderung der Erziehung in der Familie (§ 16),
- Beratung in Fragen der Partnerschaft, Trennung und Scheidung (§ 17),
- Beratung und Unterstützung bei der Ausübung der Personensorge sowie des Umgangsrechts für Alleinerziehende und deren Kinder (§ 18),
- Eingliederungshilfe (§ 35a),
- Beratung und Unterstützung junger Volljähriger (§ 41 in Verbindung mit § 27).

Kennzeichen der Beratung ist im Gegensatz zur informellen (Alltags-)Beratung eine professionell strukturierte, fachlich-methodische Vorgehensweise, die einen Lösungsprozess anstrebt und in einen institutionellen Rahmen eingebettet ist (vgl. Hundsalz, 2003, S. 15f.). Beratung soll niedrigschwellig erreichbar und verfügbar sein. Das heißt, sie kann von allen, die ein Anliegen in Bezug auf die oben genannte gesetzliche Beauftragung haben, freiwillig in Anspruch genommen werden. Es bedarf hier keiner fallbezogenen Genehmigung des Jugendamtes oder einer längeren Hilfeplanung. Die Ratsuchenden können sich direkt an die Beratungsstelle ihrer Wahl wenden und einen Termin vereinbaren. Die Beratung darf anonym erfolgen. Dies ist ein bedeutender Unterschied zu anderen Hilfen zur Erziehung. Bevor zum Beispiel eine SPFH als Hilfe tätig werden kann, ist ein Hilfeplanverfahren nötig. Dies ist regional unterschiedlich geregelt. Einerseits wird beim Installieren einer SPFH durch das Jugendamt ein komplexer Hilfebedarf vorliegen, der nicht mit Beratung allein bewältigt werden kann, andererseits können trotz dieses Bedarfs mehrere Wochen Bearbeitungszeit verstreichen, bis den Betroffenen die Hilfe genehmigt wird. Zusätzlich wird das Jugendamt den Fall über die komplette Hilfedauer steuern und auch die Ziele teilweise mit beeinflussen. Dies ist, zumindest für den Erstzugang zur Beratung, nicht nötig und Beratungsstellen sollen auch im Sozialraum gut erreichbar sein. Dennoch setzt Beratung eine gewisse Grundkompetenz und Motivation aufgrund der »Komm-Struktur« bei den Ratsuchenden voraus. Diese müssen in der Regel den Kontakt zur Beratungsstelle suchen und die vereinbarten Termine wahrnehmen. Als Zielgruppen werden von den Jugendämtern allgemein genannt:

> Kinder,
> Jugendliche,
> junge Erwachsene,
> Eltern, Familien und an der Erziehung beteiligte Personen,
> Fachkräfte aus Institutionen der Kinder- und Jugendhilfe, Schulen und anderen Diensten, die mit Kindern und Jugendlichen befasst sind (vgl. Stadt Leipzig, 2007, S. 11, 2013, S. 7; Stadt Nürnberg, 2009, S. 12).

Als spezielle Zielgruppen werden genannt: Kinder und Jugendliche mit alleinerziehenden Eltern, die in Trennung oder Scheidung leben, mit Migrationshintergrund oder die in Familien mit besonderen und/oder komplexen Problemlagen (zum Beispiel Verarmung, Suchtproblematik der Eltern) aufwachsen (vgl. BKE, 2012a, S. 14–22; Stadt Leipzig, 2007, S. 60, 2013, S. 78–80; Stadt Nürnberg, 2009, S. 12). In den letzten Jahren haben vor allem die Beratungen bei Trennung und Scheidung zugenommen, von 33.000 Beratungen 1993 auf 74.000 im Jahr 2006 (vgl. BKE, 2012a, S. 14f.). Als weitere wichtige Zielgruppe zeigen sich alleinerziehende Eltern. Mehr als die Hälfte der Kinder in der Beratung leben nicht bei ihren beiden leiblichen Eltern, 36,3% bei einem alleinerziehenden Elternteil, 16,1% bei einem Elternteil mit neuem/neuer Partner_in, 45,1% leben bei beiden leiblichen Eltern. Laut der Bundeskonferenz für Erziehungsberatung (BKE) erhält heute etwa jedes dritte Kind in der Bundesrepublik bis zu seinem 18. Lebensjahr eine Hilfe durch Erziehungs- und Familienberatung. Weitere Aufgaben der Beratungsstellen sind präventive Angebote an Eltern, Kinder und Jugendliche (zum Beispiel Gruppenangebote und Elternabende), aber auch Angebote (zum Beispiel Fortbildung, Supervision und Fachberatung) für andere Fachkräfte (vgl. BKE, 2012a, S. 17–22). Diese Aufgaben kann die Erziehungsberatung jedoch nicht im nötigen Umfang wahrnehmen. Die BKE kritisiert die unzureichende Personalausstattung in den Beratungsstellen. Im Schnitt liegt diese in Deutschland unter den von der

Weltgesundheitsorganisation (WHO) festgelegten Werten. In einigen Bundesländern, wie Mecklenburg-Vorpommern oder Sachsen-Anhalt, ist die Situation weit unterdurchschnittlich. Auf 10.000 Minderjährige müssten vier Beratungskräfte (VzÄ = Vollzeitäquivalent) kommen, um eine Grundversorgung abzusichern, in Deutschland liegt der Wert im Durchschnitt nur bei 2,3 VzÄ (vgl. BKE, 2012a, S. 46, 50; BKE, 2012a, S. 50 nach Gerth & Menne, 2010, S. 837). In der Stadt Leipzig zeigte sich bereits 2007, dass diese Kapazität nicht ausreicht, um die Komplexität der Fälle zeitnah zu bearbeiten. Die dadurch entstehenden Wartezeiten widersprechen dem Grundsatz der guten Erreichbarkeit und Niedrigschwelligkeit (vgl. Stadt Leipzig, 2007, S. 61). Dies geht im Kontext mit steigenden Fallzahlen an Beratung zu Lasten der gesamten präventiven Angebote. In Leipzig sollten für die präventive Arbeit 25% der Kapazitäten eingesetzt werden, nur etwa 10% konnten letztlich bereitgestellt werden (vgl. Stadt Leipzig, 2014, S. 87).

Zur Qualifikation der Mitarbeiter_innen gibt es die Empfehlung, multidisziplinäre Teams in den Beratungsstellen einzusetzen. Es werden auch bestimmte Anforderungen an die Qualifikation der Mitarbeiter_innen gestellt (vgl. BKE, 2012a, S. 23f., 61–65). In der SPFH reicht in der Regel als Mindestqualifikation ein Bachelor-Abschluss in der Sozialen Arbeit aus, in einigen Bundesländern ist auch ein Erzieherabschluss mit Zusatzqualifikation ausreichend. Neben der multidisziplinären Ausrichtung in den Richtungen Soziale Arbeit, Psychologie, Erziehungswissenschaft, Psychotherapie und anderen therapeutischen Berufen wird der Bachelor-Abschluss nur teilweise als Mindestqualifikation angesehen, bei einigen Aufgabenfeldern ist ein Master-Abschluss vorgesehen beziehungsweise erforderlich, meist in Verbindung mit einer beraterischen/therapeutischen Zusatzqualifikation (vgl. BKE, 2012a, S. 23f., 61–65).

Das Thema Sexualität wird in der Erziehungs- und Familienberatung bisher nicht ganzheitlich wahrgenommen. Es ist anzunehmen, dass es in den Beratungen eine Rolle spielt und die Berater_innen sich, je nach ihrer Persönlichkeit, dem Thema widmen. Diese Annahme gründet in der inhaltlichen Thematik der Beratungen, in denen sexuelle und partnerschaftliche Einstellungen und Verhaltensweisen Bestandteil sein dürften (zum Beispiel Trennungs- und Scheidungsberatung oder Beratung in der Phase der Pubertät). Es wird ebenfalls, wie auf

Nachfrage im Rahmen der SPFH (siehe oben) von den Fachkräften bestätigt, dass die Sexualität in der Beratung ihren Platz hat oder sich den nötigen Raum innerhalb der Beratung nimmt (vgl. Weller, 2012, S. 8–16). Offiziell taucht Sexualität, wie im gesamten Kontext der Jugendhilfe, in der Regel mit den Eingrenzungen auf sexualisierte Gewalt und sexuellen Missbrauch auf (vgl. BKE, 2012a, S. 61–65; Stadt Leipzig, 2014, S. 32, 38, 53, 70f., 2007, S. 46, 48; Stadt Nürnberg, 2009, S. 13). Von den 41.007 im Jahr 2010 begonnenen Hilfen zur Erziehung wegen Gefährdung des Kindeswohls entfielen 40% auf die Erziehungsberatung (weitere 35% stationär und 25% ambulant). Zwei Drittel der Beratungen fanden wegen des Verdachts auf sexuellen Missbrauch statt (vgl. BKE, 2012a, S. 42). Neben dieser alltäglichen Herausforderung bei der Arbeit zum Kinderschutz scheint es auch der durch die normierte Jugendhilfebrille eingeschränkte Blick auf das Kindeswohl zu sein, der eine andere Sicht auf Sexualität verhindert. In der Fachliteratur wird Sexualität bereits vielfältiger wahrgenommen, zum Beispiel bei den Themen sexuelle Orientierungen oder geschlechtliche Identität (zum Beispiel Eckey et al., 2008; Zander & Knorr, 2003). In dem in Zusammenarbeit mit der BKE herausgegebenen Fachbuch »Jugend bewegt Beratung« erwähnen Eckey, Haid-Loh und Jacob, dass selbst die Auseinandersetzung mit dem Thema Adoleszenz in Zusammenhang mit Erziehungs- und Familienberatung in der Fachliteratur sehr dürftig ist und verweisen auf nur zwei Veröffentlichungen seit Mitte der 1980er Jahre (Eckey et al., 2008, S. 7). In Fortbildungsangeboten für die Erziehungsberatung, zum Beispiel der Bundeskonferenz für Erziehungsberatung, findet sich Sexualität kaum wieder, und wenn doch, dann im Kontext mit Missbrauch und Gewalt (zum Beispiel BKE, 2012b; vgl. Weller, 2012, S. 22).

In wenigen Beratungsstellen in Deutschland werden Erziehungs- und Sexualberatung gemeinsam unter einem Dach angeboten. Nur in etwa 12% (170) der über 1.436 Beratungsstellen, die Erziehungsberatung anbieten, wird auch Sexualberatung angeboten. In dieser Statistik wurde aber nicht zwischen Trägerschaft und Finanzierung unterschieden. Neben den über das Jugendamt finanzierten Beratungsstellen sind zum Beispiel auch die Schwangerschaftsberatungsstellen, die über die Länder finanziert werden, enthalten. Diese bieten neben der Schwangeren- und Schwangerschaftskonfliktberatung oft auch Familien-, Ehe-

und Lebensberatung, Sexualberatung und in geringerem Maße (ebenfalls etwa 12% von 1.435 Beratungsstellen) Erziehungsberatung an (vgl. Weller, 2012, S. 4f.). Erziehungsberatung und Sexualberatung scheinen institutionell nicht zusammenzugehören oder nicht zusammenkommen zu können.

Die Kinder- und Jugendhilfe, speziell die Familien- und Erziehungsberatungsstellen, sollten sich dem Thema Sexualität mehr öffnen und zuwenden. Die Bundeskonferenz Erziehungsberatung hat auf ihrer 2012 durchgeführten Tagung: »Sexualität und Entwicklung – Zwischen Enttabuisierung und Gefährdung« in Frankfurt am Main einen wichtigen und lange überfälligen Schritt gemacht und dieses Thema auf die Tagesordnung gesetzt. Im Tagungsvortrag von Prof. Dr. Weller wurde deutlich, dass Sexualität und Erziehung zusammengehören, aber dies für die Kinder- und Jugendhilfe nur bedingt gilt (vgl. Weller, 2012). Auf der BKE-Tagung, und das macht bereits der Titel deutlich, ging es darum, die Sexualität ganzheitlich in den Blick zu nehmen, ohne dabei die Gefährdungen aus dem Auge zu verlieren. Dieser Sichtweise möchte ich mich anschließen. Wie vorher bereits beschrieben, sollte das Kindeswohl gefördert und geschützt werden. Entwicklung braucht Freiräume und Sexualität als integraler Bestandteil des Menschseins kann sich nur entwickeln, wenn die Bedingungen dafür stimmen. Kinder und Jugendliche, die eine Basis zur Entwicklung einer selbstbestimmten Sexualität und Identität haben, gehen mit guten Ressourcen in das Leben als Erwachsene. Schutz ist dabei wichtig, aber er kann nicht allgegenwärtig gewährleistet werden – das zeigt die Realität. Kompetenzen bei Eltern, Kindern und Jugendlichen (die die nächste Elterngeneration stellen), können durch angemessene und altersgerechte Bildung verbessert oder erzeugt werden. Hier sehe ich einen wichtigen präventiven Ansatz bei der Bildung einer persönlichen Identität, bei der Verinnerlichung von Rollenbildern, bei der Entstehung sexueller und partnerschaftlicher Einstellungen und Verhaltensweisen und bei der Vermeidung von bzw. beim Umgang mit sexuellen Übergriffen und sexualisierter Gewalt. Präventive Konzepte sollten Sexualität ganzheitlich in den Blick nehmen, diesbezüglich Angebote machen und Kompetenzen vermitteln. Sexualität müsste professionell im Jugendhilfesystem verankert werden. Die Beratungsstellen könnten bei der sexuellen Bildungs- und Beratungsarbeit eine wichtige Funktion im System einnehmen. Sie gewährleisten durch den niedrigschwelligen Ansatz in der Regel eine gute Verfügbarkeit. Sie erreichen einen großen Teil der Kinder und Jugendlichen direkt oder indirekt und arbeiten mit Familien verschiedener sozialer Schichten zusammen. Durch die Netzwerkfunktion und Angebote an andere Institutionen könnte die themenspezifische Zusammenarbeit mit anderen Fachkräften erfolgen und über Fortbildungen Wirkung durch Multiplikator_innen in Familien und Institutionen erzielt werden.

Kinder und Jugendliche werden in unterschiedlichen Systemen sozialisiert. Die Familie ist dabei in der Regel zu Beginn die wichtigste Sozialisationsinstanz, mit zunehmendem Alter nimmt die Bedeutung anderer zu. Problematische Entwicklungsverläufe von Heranwachsenden sind immer möglich und selbst bei aus gesellschaftlicher Sicht optimalen Bedingungen nicht auszuschließen. Sie sind auch selten nur in einer Ursache begründet. Meist liegt eine Komplexität an ungünstigen Bedingungen vor. Gute Sozialisationsbedingungen in der Kindheit sind eine gute Basis der individuellen Entwicklung. Die Jugendhilfeinstanzen können hier, wenn sie ihre Verantwortung ganz wahrnehmen, Familien und andere Fachkräfte unterstützen. Dies ist beim Thema der Sexualität noch ausbaufähig und es sollte im Interesse der Gesellschaft liegen, dies umzusetzen.

3 Sexualität und Familie

In den folgenden Abschnitten soll anhand von ausgewählten Beispielen der kindlichen Sexualentwicklung, der Phase der Pubertät und der sexualisierten Gewalt der Einfluss familiärer Entwicklungsbedingungen auf die Sexualität der Heranwachsenden beschrieben werden.

3.1 Sexuelle Entwicklung und familiärer Umgang – kindliche Sexualität

Kinder sind von Beginn an sexuelle Wesen. Die sexuelle Entwicklung des Menschen beginnt bereits pränatal. Sie wird von unterschiedlichen Faktoren beeinflusst. Das sind im Wesentlichen biologische, psychologische, kulturelle und soziologische Faktoren. Die Entwicklung der kindlichen Sexualität ist in das familiäre Leben eingebettet. Die Familie bestimmt in den ersten Jahren weitgehend das soziale Umfeld und somit auch, in welchem Rahmen Kinder in ihrer (sexuellen) Entwicklung gefördert oder behindert werden (zum Beispiel Erikson, 1973; Freud, 2009; Fried, 2010a, 2010b, 2010c, online; Weller, 2010; Wuketits, 1997).

In den westlich dominierten Gesellschaften ist die Zweigeschlechtigkeit in der Regel das vorherrschende geschlechtliche Ordnungsprinzip. Dies zeigt sich auch in der Wissenschaft. In der Soziobiologie und Evolutionstheorie wird die menschliche (sexuelle) Entwicklung weitestgehend auf die Zweigeschlechtlichkeit zurückgeführt. Von diesem Stand-

3 Sexualität und Familie

punkt aus betrachtet, entsteht der biologische Geschlechtsunterschied beim Menschen durch die unterschiedliche Ausprägung von Keimzellen. Diese Ausprägung zeigt sich in den unterschiedlichen männlichen und weiblichen Geschlechtsmerkmalen. Durch diese biologischen Unterschiede bedingt, können sich die Menschen auf natürlichem Weg nur zweigeschlechtlich und durch sexuelle Paarung fortpflanzen (vgl. Wuketits, 1997, S. 118). Die Soziobiologie sieht im Mittelpunkt der sexuellen und partnerschaftlichen Entwicklung und Verhaltensweisen das Reproduktionsinteresse der Individuen (vgl. Voland, 2000, S. 135). Nur durch erfolgreiche Reproduktion könnten Gene weitergegeben werden. Dadurch werde die Auseinandersetzung mit möglichen Geschlechtspartner_innen nötig, aber es entsteht auch ein Selektionsdruck durch Konkurrenz innerhalb der jeweiligen Geschlechtsgruppe. Dies wird aus traditioneller Perspektive neben natürlichen Veränderungen als ein Motor der menschlichen Evolution betrachtet.

Die Soziobiologie kann so einfache und verständliche Erklärungen für Phänomene menschlicher Entwicklungen liefern, indem sie diese auf rein biologisch-evolutionäre Ursachen reduziert. Dabei werden jedoch zum einen oft soziale und kulturelle Faktoren unterschlagen oder nicht berücksichtigt. Wilson (2013) und Wuketits (1997, 2000, 2001), zwei bedeutende Vertreter der Soziobiologie, haben hier in den letzten Jahren Kritik an den eigenen Fachtheorien geübt und die soziokulturellen Bedingungen in ihre Überlegungen einbezogen.

Zum anderen, so einfach diese Erklärungen aus dem Feld der Soziobiologie und Evolutionspsychologie zum Teil auch sind und so einleuchtend sie gerade deswegen zu sein scheinen, so unvollständig sind sie oft, oder sie könnten sogar falsch sein. Denn im Sinne eines ganzheitlichen Blickes auf Sexualität und menschliche Entwicklung sparen einige dieser Theorien wichtige biologische Aspekte, wissenschaftliche Erkenntnisse und die menschliche Vielfalt aus. Mehrere Wissenschaftler_innen haben in den letzten Jahren dazu kritische Arbeiten vorgelegt und unter anderem die Zweigeschlechtigkeit und die daraus resultierende Rollenverteilung sowohl aus sozialwissenschaftlicher wie biologischer Sicht widerlegt (vgl. Fausto-Sterling, 2000; Palm, 2010; Schmitz, 2006; Voß, 2011a, 2011b).

Wird Sexualität ganzheitlich betrachtet, dann ist das Interesse an Fortpflanzung und an sexuellem Verkehr mit dem anderen Geschlecht

3.1 Sexuelle Entwicklung und familiärer Umgang – kindliche Sexualität

nur ein Aspekt der sexuellen Entwicklung. Zudem gehört es zu großen Teilen in die erwachsene Sexualität. Die kindliche Sexualität ist auf das eigene Selbst fokussiert und nicht auf partnerschaftliche Sexualität, der Sexualtrieb ist autoerotisch (vgl. Freud, 2009, S. 108). Zur Beschreibung der kindlichen Sexualentwicklung bietet sich die von Freud (vgl. Freud, 2009, S. 75–107) vorgenommene Einteilung an. Die von ihm aus psychoanalytischer Sicht beschriebenen Entwicklungsstände wurden in der wissenschaftlichen Weiterentwicklung kritisiert und ergänzt, zum Beispiel um psychosoziale (etwa Erikson, 1973). Freud hat seine Arbeit zur infantilen Sexualität (vgl. Freud, 2009, S. 75–107) vor etwa 100 Jahren geschrieben, unter dem Einfluss des Zeitgeistes und auf der Grundlage der damals verfügbaren wissenschaftlichen Erkenntnisse. Die pränatale Entwicklung war ihm somit weitgehend unbekannt. Als Grundgerüst der Entwicklung kindlicher Sexualität ist das Modell weiterhin aber durchaus geeignet, solange es als eine theoretische Beschreibung, als Handwerkszeug zum Verständnis kindlicher Sexualität, als eine Basis angenommen wird und nicht als Dogma. Bei der Beschäftigung mit der menschlichen Sexualität und ihren Entwicklungsbedingungen sollte bei aller Fachlichkeit und Stringenz der Blick nicht zu eingeschränkt sein. Die interdisziplinäre Betrachtung kann gerade im pädagogischen Kontext die Möglichkeit von neuem Verständnis und damit neue Wege und Zugänge schaffen.

Die Einteilung der Phasen nach Freud (2009) kann zeitlich variieren und diese können ineinander übergehen, sodass die klare Abgrenzung in der Praxis nicht immer möglich ist oder beschriebene Handlungen gleichzeitig wahrgenommen werden (zum Beispiel bei sogenannten Frühstarter_innen oder Spätentwickler_innen). Abhängig ist die Entwicklung auch von den sozialen und kulturellen Umgangsformen und Gewohnheiten bei Pflege, Betreuung und Erziehung der Kinder. Die frühen Bezugspersonen spielen eine wichtige Rolle bei der sexuellen Entwicklung eines Kindes (vgl. Fried, 2010a, 2010b, 2010c, online; Wanzeck-Sielert, 2008; Weller 2010). Anhand der Beschreibung des Phasenmodells von Sigmund Freud können auch die Einflüsse des Umfeldes gut sichtbar gemacht werden.

Die orale Phase umfasst das erste Lebensjahr. Der Mund dient als Lustorgan. Kinder machen ihre ersten lustvollen Erfahrungen durch das Saugen an der Mutterbrust oder der Flasche und dem Erforschen von Gegenständen mit dem Mund. Die Haut, als größtes Sinnesorgan, spielt ebenfalls eine wichtige Rolle bei der emotionalen Entwicklung. Über den Körper- und Hautkontakt mit der Mutter und anderen wichtigen Bezugspersonen wird Nähe hergestellt und die Bindung gestärkt. Kinder nehmen das Spüren von Nähe, Berührungen und Zärtlichkeiten wahr, aber unbewusst auch vorhandene Ablehnung und Ekel und ebenso den Umgang mit den Sexualorganen und die Art und Weise, wie Eltern ihre Kinder waschen und säubern. Dies hat Einfluss auf das kindliche Körperbewusstsein und die Bindungsstärke. Die Einstellung und der Umgang der Erwachsenen prägen von Beginn an die psychosoziale Entwicklung, die Stärke des Urvertrauens und beeinflussen damit die Sexualität (vgl. Freud, 2009, S. 79–86; Fried, 2010a, 2010b, 2010c, online; Wanzeck-Sielert, 2003, S. 6–10, 2008, S. 364f.; Weller, 2010).

Die anale Phase beginnt im zweiten Lebensjahr. Wichtigste Lustquelle ist jetzt die Analzone. Der Mund tritt in den Hintergrund, da das Interesse und Bewusstsein für die Genitalien und die Körperausscheidungen wächst. Der Umgang mit dem Schließmuskel wird erlernt (etwa mit eineinhalb Jahren) und dieses Können eingesetzt. Dies sind erste Autonomieentscheidungen des Kindes. In dieser Zeit ist eine Lust am Matschen im Essen, im Sand, aber auch im Kot oder Urin zu beobachten. Es ist wichtig, Kindern die Möglichkeit und die Zeit zu geben, diese Matschphase auszuleben. Erwachsene sollten die Sauberkeitserziehung liebevoll und gelassen begleiten und nicht zu viel Druck ausüben. Es passiert mehr oder weniger häufig, dass Kinder einnässen, da sie versuchen, ihre Blase zu kontrollieren. Reagieren Eltern hier nicht gelassen genug, kann dies schnell zu einem Machtspiel zwischen Eltern und Kind werden. Eltern sollten sich hier nicht zu sehr durch gesellschaftliche (Sauberkeits- und Zeit-)Zwänge leiten lassen. Ebenso wie eine übertriebene Sauberkeitserziehung im Sinne des »Trocken-Werdens« ist eine lange Windelphase beziehungsweise ständiges Windeltragen für die kindliche Entwicklung ungünstig. Zum einen beginnt in dieser Phase die Schamentwicklung, die die Eltern mit ihrer Moral beeinflussen. Zum anderen entwickeln Kinder ein Interesse an ihren Geschlechtsteilen und wollen diese entdecken, was durch eine Windel behindert wird (vgl. Freud, 2009, S. 87–95; Fried 2010a, 2010b, 2010c, online; Schuhrke, 1998, S. 8–13, 2005, S. 15–18, 47; Wanzeck-Sielert, 2003, S. 6–10,

3.1 Sexuelle Entwicklung und familiärer Umgang – kindliche Sexualität

2008, S. 365–367; Weller, 2010). Vom dritten bis zum fünften/sechsten Lebensjahr schließt sich die phallisch-genitale Phase an. Die Entwicklung des sexuellen Interesses setzt ein. Freud (2009) beschrieb diese Zeit als »Frühblüte« und sie wird oft als kleine Pubertät bezeichnet. Die Kinder interessieren sich stark für ihren Körper, aber auch für den anderer Menschen. Es ist die Phase der ersten geschlechtlichen Identifikation. Die Geschlechtsrolle wird bewusst wahrgenommen. Jungen und Mädchen vergleichen sich mit Männern und Frauen. Sowohl körperlich und geschlechtlich als auch beim sozialen Verhalten. Die soziale und sexuelle Neugier äußert sich in sozialen Rollenspielen, Familie spielen, Vater-Mutter-Kind-Rollenspielen und Doktorspielen. Das soziokulturelle Umfeld prägt in dieser Phase die Unterschiede im Umgang mit Sexualität. Die Schamgrenzen und moralische Normen und Werte werden verinnerlicht. Es können in dieser Zeit für Kinder erste ernsthafte psychische Krisen (zum Beispiel Triangulierungskonflikte) entstehen, da es zu familiärer Konkurrenz kommt (die Tochter will den Vater heiraten, der Sohn die Mutter). Freud hat dies als Ödipuskomplex beschrieben (vgl. Fried, 2010a, 2010b, 2010c, online; Rohrmann, 2003, S. 3–5; Schuhrke, 1998, S. 8–13, 2005, S. 15–18, 63, 80–84; Wanzeck-Sielert, 2003, S. 6–10, 2008, S. 365–367; Weller, 2010).

Die kindliche Sexualität zeigt sich in nichtgenitalen sowie genitalen Formen. Probleme beim Umgang mit ihr durch die Erwachsenen können vor allem bei den genitalen Ausdrucksformen auftreten, da der nichtgenitale Bereich leichter akzeptiert wird beziehungsweise norm- und alltagskonformer ist (zum Beispiel Baden, Massagen und Zärtlichkeiten wie Streicheln oder Kuscheln). Gegenüber dem genitalen Bereich kann jedoch Unsicherheit oder sogar Ablehnung bestehen. Die Ursachen hierfür sind zum einen in der gesellschaftlichen Sexualkultur mit ihren Normen und Werten, zum anderen aber auch in der Biografie der Eltern zu suchen. Für die Persönlichkeitsentwicklung muss sich ein Kind jedoch voll und ganz angenommen und geliebt fühlen und nicht nur teilweise. Das gilt für alle Bereiche der Persönlichkeit, wird aber bei der Sexualität besonders deutlich.

Dabei muss immer beachtet werden, dass sich die kindliche Sexualität deutlich von der Erwachsenensexualität unterscheidet. Kinder handeln egozentrisch, autoerotisch und möchten schöne Gefühle und körperliches Wohlgefühl erfahren, zum Beispiel durch sinnliche Erfahrungen über die Haut oder den Mund als Säugling. Sie sind nicht beziehungsorientiert im Sinne eines festen Sexualpartners bzw. einer Sexualpartnerin und handeln nicht mit der Motivation, Liebe zu einer bestimmten Person auszudrücken. Kinder suchen ganzheitliche Befriedigung. Es gibt keine Trennung zwischen nichtgenitaler (zum Beispiel Zärtlichkeit und Sinnlichkeit) und genitaler Sexualität beim Kind. Sie sind demzufolge nicht zielorientiert, nicht auf den Lusthöhepunkt ausgerichtet und streben keinen Geschlechtsverkehr an. Sie konzentrieren sich nicht ausschließlich auf ihre Geschlechtsteile, sondern erforschen und entdecken ihre Körper (vgl. Philipps, 2010, S. 1; Freund & Riedel-Breidenstein, 2006, S. 8f.). Anfänglich sind Kinder keinen Sexualnormen unterworfen, sie nehmen ihre Sexualität an, wie sie ist, als etwas zur Persönlichkeit natürlich Dazugehörendes. Das Schamgefühl entwickelt und manifestiert sich frühestens im Kindergartenalter ab etwa drei Jahren, in der Regel ab fünf Jahren (vgl. Schurke 1998, S. 8–13, 2005, S. 18, 32, 46, 63). Sexuelle Aktivitäten bei Kindern sind in diesem Kontext zu sehen und zu bewerten. Bereits Neugeborene berühren ihre Genitalien und erleben dies als etwas Schönes und Lustvolles. Die Fähigkeit zum Orgasmus ist bereits bei Säuglingen vorhanden (vgl. Sigusch, 2005, S. 188–191). Ab dem zweiten Lebensjahr gibt es gezielte Berührungen der Genitalien zur Erregung. Mit etwa drei Jahren kann es zu Doktorspielen und/oder anderen Rollenspielen kommen. Der kindliche Forschungsdrang setzt ein und nimmt auch die Sexualität und den Körper nicht aus. Kinder entwickeln Interesse, den eigenen und den Körper anderer zu entdecken. Die Unterschiede der Geschlechtsorgane werden bewusst wahrgenommen. Kinder erleben auch durch gegenseitige Berührungen und gemeinsames Kuscheln Zärtlichkeit. Da die kindliche Aktivität noch nicht oder nur ansatzweise schambehaftet erfolgt, kann es auch zu Handlungen kommen, die Erwachsene verstören. Kinder beobachten sich auch interessiert beim Toilettengang, beim Baden oder beim Umziehen. Es kann zu spielerischer Imitation von Geschlechtsverkehr in Form von Aufeinanderlegen, Stöhnen, Nachahmen von Bewegungen, aber auch dem Nachspielen von Geburtsszenen kommen. Auch die Körperöffnungen sind für Kinder interessant und es kommt vor, dass Kinder sich selbst oder gegenseitig Dinge in den Po oder die Vagina stecken. Ab dem Grundschulalter lässt das Interesse der Kinder nicht nach, wird jedoch oft weniger wahrgenommen, da Kinder bereits gesellschaftliche Normen, Werte und Schamgrenzen stärker verinnerlichen und sich dementsprechend verhalten. Sie suchen zum Beispiel bewusst unbeobachtete Plätze auf oder unterlassen Handlungen aus Angst vor Bestrafung. In dieser Phase treten erste Formen von Gefühlen des Verliebtseins zu bestimmten Personen auf. Kinder beginnen sich in dieser Phase gezielter für Medien zu interessieren und suchen auch nach Informationen über Sexualität (vgl. Freund & Riedel-Breidenstein, 2006, S. 10–15; Wanzeck-Sielert, 2008, S. 367–370).

Die oben genannten Aktivitäten gehören alle zur möglichen Bandbreite der Entwicklung eines Kindes und sind so zu bewerten. Es besteht jedoch oft Unsicherheit über die Grenzen, an denen Erwachsene einschreiten sollten, um sexuelle Übergriffe zu verhindern. Dazu ist eine gute Kenntnis der kindlichen Sexualität wichtig, um Verhalten und Aktivitäten einzustufen und die kindliche Entwicklung einschätzen zu können. Bei gemeinsamen Aktivitäten von Kindern, wie zum Beispiel Doktorspielen, können folgende Kriterien helfen, die Situation objektiver einzuschätzen. Die (sexuellen) Aktivitäten finden unter Kindern gleichen Alters statt, beziehungsweise beträgt der Altersunterschied nicht mehr als zwei Jahre im Vor- und Grundschulalter. Es sind Kinderspiele, die gleichberechtigt und vom gegenseitigen Interesse geprägt sind. Es gibt kein Machtgefälle, keine Unterordnung, keine Erpressung und keine Belohnungssysteme. Als zentrale Merkmale sexueller Übergriffe unter Kindern sind Macht und Unfreiwilligkeit zu nennen (vgl. Freund & Riedel-Breidenstein, 2006, S. 10, 19–28).

Zur Betrachtung frühkindlicher Entwicklung gibt es auch andere Modelle, zum Beispiel aus Sicht der Bindungstheorie (zum Beispiel nach Bowlby, 1975) oder der kognitiven Entwicklung (zum Beispiel nach Piaget, 1986). Die Bedeutung der familiären Sozialisationsbedingungen auf die Entwicklung der Kinder wird bei allen Modellen deutlich.

3.2 Pubertät und Postpubertät – aktuelle Entwicklungen

Traditionell kam es mit dem Jugendalter zu einer Abnabelung von der Herkunftsfamilie und folglich zu einer Jugendsexualität, die zu großen

3 Sexualität und Familie

[handschriftlich: Familiarisierung u. Jugendsexualität]

Teilen unbemerkt und/oder außerhalb der Familie gelebt wurde. Im Zuge der sexuellen Revolution, die die sexualfeindliche Haltung zum Beispiel in Bezug auf die Masturbation, die partnerschaftlichen/sexuellen Kontakte von Jugendlichen oder die Rollenbilder veränderte, kam es zu einer »Familiarisierung« der Jugendsexualität (vgl. Sigusch, 2005, S. 36). Die Geschlechtertrennung wurde aufgehoben. Mädchen und Jungen wachsen gemeinsam auf, erhalten die gleichen Bildungsmöglichkeiten und haben – zumindest offiziell – die gleichen Chancen auf dem Arbeitsmarkt. »Die sexuelle Betätigung im Jugendalter, allein oder zu zweit, wird von vielen Eltern akzeptiert oder sogar befürwortet. Geschlechtsverkehr findet ganz überwiegend nicht mehr heimlich an konspirativen Orten statt, sondern zu Hause inmitten der Familie« (Sigusch, 2005, S. 36). Jugendliche müssen sich heute in der Regel nicht mehr heimlich verabreden, sondern können sich offiziell zu Hause treffen und dies mit ihren Eltern kommunizieren. Die andere Seite der Familiarisierungs-Medaille ist, dass Eltern ihre Kinder so auch leichter unter Kontrolle haben und wissen, was sie wo tun.

Ein weiterer Punkt, der die Familiarisierung der Sexualität von Jugendlichen und jungen Erwachsenen beeinflusst, ist, dass diese heute länger bei ihren Eltern leben. Für diese Entwicklung wurde der Begriff der Postadoleszenz geprägt. Durch Verlängerung der Bildungs- und Ausbildungsdauer hat sich seit den 1960er Jahren der Übergang vom Jugendlichen- in das Erwachsenenalter verzögert. Die Kindheit wurde aufgrund früherer sexueller Reife kürzer, und die Jugendzeit bis zum 30. Lebensjahr ausgedehnt. Dies führte zu einer früheren soziokulturellen Selbstständigkeit bei späterer sozioökonomischer Selbstständigkeit. Die Übernahme von Verpflichtungen im Arbeits- und Familienleben wurde zeitlich verschoben, zum Teil bis in das dritte Lebensjahrzehnt. Jugendliche wohnen heute länger bei ihren Eltern bis zum ersten Auszug bzw. gibt es oft eine Rückkehr in das Elternhaus nach dem ersten Auszug, zum Beispiel wenn dieser durch den Beginn einer Ausbildung oder eines Studiums nötig war. Es ergibt sich insgesamt eine längere soziale und materielle Abhängigkeit von der Familie/den Eltern.

Hier spielen die wirtschaftlichen familiären Verhältnisse eine entscheidende Rolle. Hervorzuheben sind an dieser Stelle Familien mit Arbeitslosengeld II (ALG II)-Bezug. Junge Erwachsene in der Bundesrepublik ohne eigenes ausreichendes Erwerbseinkommen dürfen nach

3.2 Pubertät und Postpubertät – aktuelle Entwicklungen

geltendem Recht bei ihren Eltern nicht unter dem 25. Lebensjahr ausziehen, wenn sie ALG II beziehen. Auch in anderen europäischen Ländern gestaltet sich die Situation für junge Menschen, selbstständig mit eigenem Haushalt zu werden, schwierig. Dies betrifft vor allem Länder wie zum Beispiel Spanien oder Italien, deren Situation zurzeit von wirtschaftlich-finanziellen Problemen, hoher Jugendarbeitslosigkeit und geringen Einkommen gekennzeichnet ist.

Hier zeigen sich bereits zwei gegenläufige Entwicklungen. Einerseits nimmt, wie oben beschrieben, der Einfluss der Familie auf die Jugendlichen ab. Sei es durch eine frühere sexuelle und soziokulturelle Reife, den stärkeren und zum Teil durch Eltern nicht oder nur teilweise kontrollierbaren Medieneinfluss und -konsum, den stärkeren Einfluss der Schule durch die zeitliche Ausweitung zu Ganztagsschulen oder den Einfluss von Peer-Groups und Subkulturen. Andererseits leben Jugendliche heute – teilweise – länger in der Herkunftsfamilie und sind länger ökonomisch abhängig, was sie wiederum an die Familie bindet und zwangsläufig dazu führt, dass sie ihre Sexualität dort intensiver leben (müssen).

Ein zweiter Punkt soll als aktuelle Entwicklung betrachtet werden. Eine Beschäftigung mit Jugendsexualität ist heute ohne die Betrachtung der digitalen Welt nicht mehr denkbar. Medien können nicht mehr weitgehend vom Elternhaus oder anderen Sozialisationsinstanzen, die sie, wie zum Beispiel die Schule, gezielt einsetzen, kontrolliert werden. Die digitale Welt ist allgegenwärtig und immer verfügbar. Online zu sein, die digitale Welt zu nutzen, aber auch selbst für diese verfügbar zu sein, ist für die heutige Generation der Jugendlichen Teil ihres Lebens. Weiter oben wurde die Stellung der Medien als Sozialisationsinstanz beschrieben und mit einigen ausgewählten Studienergebnissen belegt. Sowohl für die Sexualwissenschaft als auch für die sexuelle Bildung ist es interessant und für die professionelle Ausrichtung nicht unbedeutend, wie sich die Jugendsexualität im Zusammenspiel mit den digitalen Medien entwickeln wird. Es könnte durchaus ein Wandel anstehen, einerseits den Sex im Netz, den Cybersex, betreffend, aber auch bezogen auf das Anbahnen, die Erhaltung, das Beenden, also die allgemeine Kommunikation von Partnerschaften (vgl. Neubauer, 2008, S. 381). In der Studie *PARTNER 4 – Sexualität und Partnerschaft ostdeutscher Jugendlicher im historischen Vergleich*

2013 (vgl. Weller, 2013a, 2013 b), gaben 29% der Jugendlichen und jungen Erwachsenen an, im Internet bereits erotisch kommuniziert zu haben. 11% der weiblichen und 15% der männlichen Jugendlichen haben über das Internet reale Sexualpartner kennen gelernt, 19% der weiblichen und 11% der männlichen Studienteilnehmer_innen haben selbst erotische Fotos oder Filme von sich selbst produziert (sogenanntes Sexting, vgl. Weller, 2013a, S. 8). Der Kontakt mit Pornografie ist hoch, 68% der weiblichen und 90% der männlichen Jugendlichen haben bereits Erfahrungen damit. Die anderen Jugendlichen (etwa ein Drittel der Mädchen und 10% der Jungen) lehnen Pornografie ab. 80% der Jugendlichen geben an, dass sie durch Pornografie wenig oder kaum verunsichert werden. Zur sexuellen Stimulation nutzen 61% der masturbationsaktiven Jungen und 15% der Mädchen Pornografie (vgl. Weller, 2013a, S. 7).

3.3 Sexualisierte Gewalt

Die Sexualität in der Familie ist auch unter dem Blickwinkel sexualisierter Gewalt zu berücksichtigen. Ein überwiegender Teil der Straftaten in diesem Bereich findet im familiären und familiennahen Rahmen statt. Die Daten im Hellfeld[10] geben hier bei § 176 StGB Sexueller Missbrauch von Kindern, etwa 50% Täter aus dem Verwandten- und Bekanntenkreis an (vgl. BKA, 2009, Tab. 92; BKA, 2012a, Tab. 92/2). 2011 wurden laut Polizeilicher Kriminalstatistik (PKS) 12.444 Fälle nach § 176 StGB zur Anzeige gebracht (BKA, 2012a, S. 151). 2009 wurde mit 11.319 Fällen der niedrigste Wert seit 1993 angegeben, allerdings geht die PKS von einer hohen Dunkelziffer in diesem Bereich aus (PKS – Kurzbericht, BKA, 2009, S. 9). Dies wird durch Studien im Dunkelfeld[11] bestätigt. Dunkelfeldstudien gehen von einer überhöht angegebenen Fremd-Täter-Quote im Hellfeld aus und geben bis zu 72%

---

10 Als Hellfeld wird der Teil der Straftaten bezeichnet, die der Polizei bekannt sind und in der Polizeilichen Kriminalstatistik (PKS) vermerkt werden.
11 Als Dunkelfeld wird der Teil der Straftaten bezeichnet, die der Polizei nicht durch Anzeige oder Eigenermittlung bekannt sind. Diese werden demzufolge nicht in der PKS erfasst. Daten aus dem Dunkelfeld werden zum Beispiel durch spezielle Studien erhoben.

Täter aus dem Nahfeld[12] an (vgl. Bange & Deegener, 1996, S. 129–131; Wetzels, 1997, S. 16). Bei Wetzels findet sich folgende Differenzierung zur Täter-Opfer-Beziehung: 25,7% Unbekannte, 41,9% Bekannte und 27,1% Familienangehörige (vgl. Wetzels, 1997, S. 16). Sie gehen insgesamt von 10- bis 20-mal so viel Missbrauchsfällen aus wie im Hellfeld angegeben. Das wären 120.000 bis 240.000 Fälle, einige Schätzungen erreichen 300.000 Fälle von sexuellem Kindesmissbrauch pro Jahr insgesamt. Hier ist allerdings die unterschiedliche Bewertung der Studien, was als sexueller Übergriff, Missbrauch oder sexualisierte Gewalt gilt, zu beachten (vgl. Bange & Deegener, 1996, S. 41–49; Finkelhor, 2005, S. 81–94; Wetzels, 1997, S. 2f.). Es wird als realistisch angenommen, »dass etwa jedes vierte bis fünfte Mädchen und jeder zwölfte Junge sexuelle Gewalt erlebt« (Bange & Deegener, 1996, S. 49). Bei einem Teil der Kinder und Jugendlichen, die Opfer und Betroffene von sexualisierter Gewalt werden, ist davon auszugehen, dass sie als Jugendliche oder Erwachsene selbst zum Täter werden. Wie Untersuchungen zeigen, werden Personen, die als Minderjährige selbst sexualisierte Gewalt erlebt haben, mit einer Quote von 30–40% ihrerseits zu Tätern (vgl. Enders, 2001, S. 42).

Es gibt sowohl Täter als auch Täterinnen (vgl. Enders, 2001, S. 50–52). Jedoch stellen Männer den deutlich höheren Anteil und missbrauchen mehr Kinder. Bei den Straftaten gegen die sexuelle Selbstbestimmung (§§ 174–184b StGB) sind 94% der strafmündigen Tatverdächtigen männlich, im Bereich sexueller Missbrauch von Kindern (§ 176, 176a, 176b) 96% der Verdächtigen (vgl. Statistisches Bundesamt, 2012, S. 303, 309). Hinzu kommt, dass einzelne Täter oft mehrere Kinder, zum Teil gleichzeitig, missbrauchen. Einige Täterbiografien weisen mehrere hundert missbrauchte Kinder auf. Frauen missbrauchen weniger Kinder, diese aber oft über einen längeren Zeitraum (vgl. Enders, 2001, S. 55f.). Bei den Motiven zeigen sich geschlechtsspezifische Unterschiede. Die traditionelle geschlechtsspezifische Sozialisation kann hier als eine entscheidende Ursache für sexualisierte Gewalt durch Männer genannt werden (vgl. Kapitel 2.1; Enders, 2001, S. 45–47). Harten

---

12 Als Nahfeld kann das familiennahe und sozial vertraute Umfeld bezeichnet werden. Dazu zählen die Kernfamilie und der Verwandten- und Bekanntenkreis einer Familie oder Person.

3 Sexualität und Familie

beschreibt den familiären Einfluss auf die männliche Aggression und die Konfliktausprägung. Er sieht die geschlechtsspezifische Erziehung und Sozialisation als einen wesentlichen Faktor bei der Identitätsbildung und gerade sexuelle Gewalt in Störungen des Sozialisationsprozesses begründet. Traditionelle Geschlechterrollen in der Familie fördern diese negative Entwicklung ebenfalls, da sich männliche Aggression durch diese Rollenbilder legitimiert und das Weibliche nicht als gleichwertig gesehen wird (vgl. Harten, 1995, S. 159–164, 174–177). Er geht davon aus, dass sexuelle Gewalt ihren Ursprung in der primären Sozialisation hat, die hauptsächlich in der Familie stattfindet. Er sieht sowohl die Ursachen dafür als auch die Unterschiede in der Sozialisation von Mädchen darin begründet, dass in der Kindheit der heutigen Eltern noch stärker als heute, die Erziehungsaufgaben in Familie und Einrichtungen überwiegend von Frauen übernommen wurden und in der Erziehung Jungen gegenüber häufiger Gewalt angewendet und weniger Zärtlichkeit gegeben wurde (vgl. Harten, 1995, S. 161f.; 164; 257). Studien belegen den unterschiedlichen Umgang mit Gewalt und Zärtlichkeit gegenüber Kindern (zum Beispiel PARTNER III-Studie, 1990). Für einen großen Teil der jetzigen Eltern- und Großelterngeneration waren diese Sozialisationsbedingungen gegeben. Die Forderung von Harten (1995), mehr Männer in die primäre Erziehung einzubinden und diese im Sinne der Prävention sexueller Gewalt vor allem für Jungen anders zu gestalten, war eine zwangsläufige Schlussfolgerung aus diesen Erkenntnissen. Die aktuelle PARTNER 4-Studie (2013) zeigt hier deutliche Veränderungen im positiven Sinne (auf diese wird im nächsten Kapitel speziell eingegangen). Treffen die Schlussfolgerungen von Harten (1995) zu, so könnten sich diese Veränderungen für die nächste Eltern- und Kindergeneration positiv im Sinne einer Verringerung sexualisierter Gewalt durch Männer auswirken. Sexualisierte Gewalt durch Frauen findet anscheinend oft mit der Motivation der Bestrafung statt. Frauen machen Kinder für ihre gesellschaftliche Benachteiligung verantwortlich. Sie reagieren aufgrund ihrer Sozialisation autoaggressiver als Männer und dies kann sich auch gegen ihre Kinder richten. Neid wird ebenfalls als Motiv beobachtet, das Frauen sexualisierte Gewalt gegen Kinder ausüben lässt. Auch unter den Täterinnen gibt es Frauen, die als Kind selbst sexuell missbraucht wurden (vgl. Enders, 2001, S. 50–52).

3.3 Sexualisierte Gewalt

Die Ursache sexueller Gewalt ist nicht mit einem Faktor allein zu begründen. Mit einer Verallgemeinerung, dass eine Verbesserung familiärer Lebensverhältnisse automatisch sexuelle Gewalt nahezu verhindern könnte, sollte vorsichtig umgegangen werden. Realistischer ist die Annahme, dass es sich um mehrere ergänzende Faktoren handelt. Die jeweiligen Sozialisationsbedingungen sind hier als ein sehr wichtiger Auslöser, zum Beispiel neben individuell-biografischen und gesellschaftlich-strukturellen, zu sehen (vgl. Enders, 2001, S. 42f., 45f.). Bange und Deegener haben mehrere Studien zu sexueller Gewalt und sexuellem Kindesmissbrauch ausgewertet und dabei auch die sozialen und familiären Ursachen untersucht (vgl. Bange & Deegener, 1996, S. 49–58). In den Studien wurde festgestellt, dass betroffene Kinder häufiger als nicht betroffene aus soziostrukturell und emotional beeinträchtigten Familienverhältnissen kommen. Kinder aus sogenannten »broken homes« scheinen anhand der Forschungsergebnisse gefährdeter zu sein, sexuell missbraucht zu werden. Missbrauchte Kinder geben signifikant häufiger als andere eine schlechte Eltern- und Eltern-Kindbeziehung an (vgl. Bange & Deegener, 1996, S. 54f.). In den Untersuchungen wurde ebenfalls eine weitere gemeinsame Komponente gefunden. In den Familien, in denen es zu sexueller Gewalt kommt, ist die traditionelle Rollenverteilung mit dem Mann als uneingeschränktem Familienoberhaupt häufig zu finden (vgl. Bange & Deegener, 1996, S. 56). Ein weiterer auffälliger Punkt sind rigide Sexualnormen. Kinder aus Familien, die Sexualität tabuisieren und strenge Sexualnormen haben, werden häufiger Opfer sexualisierter Gewalt (vgl. Bange & Deegener, 1996, S. 53; Enders, 2001, S. 35). In einer aktuellen Studie im Rahmen einer Diplomarbeit untersuchte Pössel (2013) die soziosexuelle Kindheitsentwicklung von Tätern. Die Täter wurden in zwei Gruppen eingeteilt: Kindesmissbraucher mit Pädophilie (MP) und Kindesmissbraucher ohne Pädophilie (OP). Diese wurden mit einer Kontrollgruppe (KG) verglichen. Insgesamt wurden Daten von 94 Männern erfasst und ausgewertet. Pössel konnte die oben genannten Ursachen zum Teil bestätigen. Die Gruppe der Kindesmissbraucher unterschied sich in den Bereichen Aufwuchsbedingungen, Familienklima, selbst erlebte Viktimisierung, schamhafte Sexualität und Zusammenhang zwischen sexueller Viktimisierung und sexueller Orientierung teilweise sehr deutlich von der Kontrollgruppe. Unterschiede gab es ebenfalls zwischen den beiden Gruppen der Kindesmissbraucher. Hier zeigte sich bei den Tätern mit pädophiler Neigung, dass diese häufiger als die anderen Gruppen aus emotional instabilen Familienverhältnissen kommen und bedeutend mehr Trennungserfahrungen als Kind gemacht haben (vgl. Pössel, 2013, S. 63f., 82, 86).

Mehrfach wurde in dieser Arbeit bereits auf die neuen beziehungsweise die digitalen Medien eingegangen. Anhand aktueller Studiendaten konnte dargestellt werden, dass Jugendliche diese Medien sehr intensiv nutzen und über das Internet speziell zu Sexualität Wissen sammeln und Erfahrungen machen. In der PARTNER 4-Studie (2013) konnte festgestellt werden, dass Jugendliche heute am häufigsten sexuelle Belästigungen im Internet erfahren. 45% der weiblichen und 14% der männlichen Befragten gaben an, im Internet bereits sexuell belästigt worden zu sein. Auch wenn dies momentan von der Mehrheit der Jugendlichen nicht als folgenschwer und traumatisierend erlebt wird – im Gegensatz zu familiären Übergriffen zum Beispiel – muss die digitale Welt als neuer Raum für sexuelle Übergriffe beachtet werden (vgl. Weller, 2013a, S. 6f.).

4 Sexualität und Familie – aktuelle Ergebnisse der Studie Jugendsexualität 2013

4.1 Eine Zwischenbilanz

Von den allgemeinen Begriffsbestimmungen zu Sexualkultur, Sozialisation und Familie ausgehend wurde der Begriff der familiären Sexualkultur eingegrenzt und eine Beschreibung vorgenommen. Dabei wurde versucht, durch den Blick auf die Zusammenhänge zwischen Sexualität und Geschlecht, mit den sozialen und kulturellen Bedingungen die Bedeutung der Sexualkultur für die Gesellschaft und das Individuum darzustellen. Diese Zusammenhänge wurden anhand der Beschreibung und Wirkung von Sozialisationsinstanzen und Phasen der sexuellen Entwicklung Heranwachsender exemplarisch dargestellt. Teilweise lag dabei der Fokus auf – gesellschaftlich und/oder individuell problematischen – Entwicklungsverläufen und Handlungen, wie sexualisierte Gewalt und deren mögliche Ursachen in der familiären Sozialisation. Es wurden auch aktuelle Entwicklungen und Tendenzen aufgezeigt. Ein weiteres Ziel war, die Möglichkeiten sozialer Arbeit im Bereich der familiären Sozialisation zu betrachten und nach Möglichkeiten der professionellen Arbeit, speziell im Bereich der soziosexuellen Entwicklung zu suchen. Diese Richtung der Arbeit begründet sich darin, dass die Ergebnisse einer möglichen praktischen Nutzung dienen sollen. Es wurden zwei Bereiche der Hilfen zur Erziehung vorgestellt, die sehr intensiv mit Familien arbeiten und durch die Ausrichtung ihrer Arbeit einen wirkungsvollen Zugang haben könnten. An einigen Stellen konnte herausgearbeitet werden, dass die familiären Herkunftsbedin-

4 Sexualität und Familie – aktuelle Ergebnisse ...

gungen bei der Entwicklung der sexuellen und partnerschaftlichen Verhaltensweisen eine Rolle spielen. Zum anderen wurde bei der Beschäftigung mit der Kinder- und Jugendhilfe deutlich, dass ein großer Teil der Klient_innen und Ratsuchenden einen niedrigen sozioökonomischen Status hat. Die Ergebnisse beruhen auf einer umfassenden Literaturrecherche und Daten aus Studien der letzten Jahre. An einigen Punkten wurde in der Arbeit bereits auf die aktuelle PARTNER 4-Studie (2013), beziehungsweise auf einige Ergebnisse hingewiesen. Von der allgemeinen Herangehensweise zur familiären Sexualkultur am Beginn der Arbeit soll über die Eingrenzung ausgewählter Bedingungen und Entwicklungen und den Bezug zur Kinder- und Jugendhilfe im weiteren Verlauf nach möglichen Zielgruppen für die professionelle Arbeit gesucht werden. Dazu wird die PARTNER 4-Studie als empirische Grundlage genutzt. In der PARTNER 4-Studie wurde der sozioökonomische Status nicht anhand von Erwerbstätigkeit der Eltern und der Einkommensart der Familie erfasst. Die Studie dokumentiert aber die Bildungsabschlüsse und Bildungsgänge von Eltern und Jugendlichen sehr differenziert. Da zwischen Erwerbslosigkeit und Bildungsabschluss Zusammenhänge bestehen, können diese Ergebnisse durchaus in Bezug gesetzt werden.

In Deutschland gibt es ein Auseinanderdriften der Bildungsabschlüsse bei der Arbeitslosenquote (vgl. Bruckner & Meinhold-Henschel, 2002, S. 6–8; DGB, 2008, S. 2f.). Das eine Extrem sind Menschen ohne oder mit niedrigem Bildungsabschluss. Den größten Teil davon stellen mit 19,6% Arbeitslose ohne Bildungsabschluss. Das andere Extrem sind die Akademiker_innen, die mit 2,4% kaum erwerbslos sind. Insgesamt ist die Zahl der Menschen ohne oder mit niedrigem Bildungsabschluss in der Bundesrepublik Deutschland rückläufig. Auch ihr Anteil an der Arbeitslosenquote sank von 26% im Jahr 2006 auf 19,6%. Allerdings profitierten sie hier vom allgemeinen Rückgang der Gesamt- Arbeitslosenquote von 11,8% (2006) auf 6,9% (2011) aller potenziellen Erwerbspersonen in der Bundesrepublik (vgl. Institut Arbeit und Qualifikation, 2012a, online). In den neuen Bundesländern sind die Bedingungen für Menschen ohne Abschluss noch ungünstiger. Sie stellten 2011 mit 31,8% fast ein Drittel der Arbeitslosen. Von etwa Mitte der 1990er bis in die 2000er Jahre betrug ihr Anteil fast 50%. Jeder zehnte Arbeitslose in den neuen Bundesländern hatte einen

Berufs- oder Fachschulabschluss, der Anteil der Akademiker_innen lag bei 4,1%. Die Gesamtrate der Arbeitslosen an den Erwerbspersonen betrug 10,5% (vgl. Institut Arbeit und Qualifikation, 2012b, online).

Allerdings ist die Erwerbstätigkeit der Eltern oder eines Elternteils nur ein Kriterium, das darüber hinaus den Bezug von Sozialleistungen nicht ausschließt. In vielen Familien beziehen Kinder ergänzende Sozialleistungen. Besonders betroffen sind hier alleinerziehende Eltern, insbesondere Frauen (vgl. Bruckner & Meinhold-Henschel 2002, S. 4–6).

Zwischen dem Bezug von Sozialleistungen, den familiären Sozialisationsbedingungen, dem Bildungsniveau und der Inanspruchnahme von Hilfen zur Erziehung (ambulante und stationäre) gibt es klare Zusammenhänge. Bruckner und Meinhold-Henschel (2002) konnten dies in einer Studie (Kompass-Modellprojekt) in mehreren deutschen Kommunen und Landkreisen herausarbeiten. Kinder und Jugendliche, die eine ambulante oder stationäre Hilfe zur Erziehung erhielten, waren zu über 40% auf Sozialleistungen (Arbeitslosengeld, -hilfe, Sozialhilfe) angewiesen. 40% der Kinder lebten bei einem alleinerziehenden Elternteil, davon erhielten zwei Drittel Sozialhilfe. Von den 11- bis 14-jährigen Jugendlichen waren ein Viertel Sonderschüler und ein Drittel Hauptschüler (im Gesamt-Durchschnitt der teilnehmenden Kommunen waren 11,4% Hauptschüler).

Als Problemlagen wurden unter anderem erhoben (Erhebungsgebiet: Jugendämter Westfalen-Lippe): 92,3% Familienkonflikte; 81,4% Verhaltensauffälligkeiten; 56,7% emotionale Auffälligkeiten, Krankheit, Behinderung; 39,5% Kindesmisshandlung, Gewalterfahrungen und 12,7% Verdacht auf sexuellen Missbrauch. Bei Bezug von Sozialleistungen, niedrigem Bildungsstand der Kinder und Aufwachsen bei alleinerziehenden Eltern oder mit Stiefeltern nahmen die Problemlagen zu (vgl. Bruckner & Meinhold-Henschel, 2002, S. 12–15). Die Problembelastung von Kindern und Jugendlichen mit Migrationshintergrund war besonders hoch (vgl. Bruckner & Meinhold-Henschel, 2002, S. 20f.). Zu berücksichtigen ist bei Studien, die sich auf Daten der Jugendämter stützen, dass diese nur die Familien erfassen können, die beim Jugendamt aktenkundig sind. Das heißt, sie erfassen nur einen Teil der Gesellschaft und zwar den, der aus verschiedenen Gründen mit dem Jugendamt zusammenarbeitet. Hier ist anzunehmen, dass es weniger die Mittel- und Oberschichtfamilien sind, die durch andere

4 Sexualität und Familie – aktuelle Ergebnisse ...

Ressourcen, aber auch durch einen anderen gesellschaftlichen Status, unabhängiger vom Jugendamt sind. Stigmatisierungen und ein dadurch subjektiveres Anzeige- und Urteilsverhalten könnten durchaus dazu führen, dass Familien aus prekären Verhältnissen hier überrepräsentiert sind und Mittel- und Oberschichtfamilien kaum erfasst werden. Eltern, die mit ihren Kindern in prekären ökonomischen Verhältnissen leben, alleinerziehend sind oder einen Migrationshintergrund haben, sind weder schlechter noch besser als Eltern aus anderen Schichten. Es sind anscheinend vielmehr die über lange Zeit bestehenden schwierigen und instabilen ökonomischen Verhältnisse, die dazu führen, dass Kinder und Jugendliche in einer Lebenssituation mit ungünstigeren Sozialisationsverhältnissen aufwachsen.

Die im weiteren Verlauf der PARTNER 4-Studie (vgl. Weller, 2013a, 2013b) präsentierten Ergebnisse werden daher besonders mit Blick auf die Jugendlichen und Eltern mit niedrigen Bildungsabschlüssen und Migrationshintergrund ausgewertet. Daran anschließend soll ein Ausblick auf die Möglichkeiten der sexuellen Bildung erfolgen. Für die Erarbeitung konkreter Vorschläge ist dabei die Eingrenzung auf bestimmte Zielgruppen günstig. Doch da, laut der Bundeskonferenz für Erziehungsberatung (BKE) (2012a), heute etwa jedes dritte Kind in der Bundesrepublik Deutschland bis zu seinem 18. Lebensjahr eine Hilfe durch Erziehungs- und Familienberatung erhält und durch Beratung und Bildung von Eltern und Fachkräften weitere Kinder und Jugendliche erreicht werden (vgl. BKE, 2012a, S. 17–22) beziehungsweise familiäre Bedingungen verändert werden können, ist es vor allem mit Blick auf die Beratung sinnvoll, generell über die Integration sexueller Bildung und Beratung nachzudenken.

Da es sich bei den im Folgenden präsentierten Daten um Ergebnisse aus der PARTNER 4-Studie handelt, werden keine weiteren Quellenangaben zu den einzelnen Punkten vorgenommen. Die verwendeten Daten basieren auf den gesamten empirischen Daten der SPSS-Datenbank, den Auswertungs-Dateien, den Forschungsberichten zu den Studien PARTNER III und PARTNER 4, dem historischen Tabellenband, der Präsentation Symposium 2013 und dem Handout-Symposium 2013. Dabei handelt es sich in Bezug auf die aktuellen Daten zum Teil noch um unveröffentlichte Ausarbeitungen. Die Konzeption, die Durchführung und Auswertung der Studie sowie die Herausgeberschaft finden unter Leitung von Prof. Dr. Konrad Weller statt. Die Fragebogenentwicklung, die Erstellung der Datenbank und die Auswertung wurde von Prof. Dr. Gustav-Wilhelm Bathke begleitet beziehungsweise durchgeführt. Wie im bisherigen Verlauf der Arbeit werden Quellen dann angegeben, wenn es sich um Ergebnisse aus anderen Publikationen und Studien handelt.

4.2 Beschreibung der Studie PARTNER 4

In der Studie PARTNER 4 wurden von Juni 2012 bis Januar 2013 862 Jugendliche in Mittel-und Ostdeutschland befragt. Es handelt sich um eine historische Vergleichsuntersuchung, die Daten können vor allem mit der PARTNER III-Studie von 1990, teilweise mit der PARTNER II-Studie von 1980 verglichen werden. Die Datenerhebung erfolgte mittels anonymen Fragebögen im Gruppenverband. Es wurden 51 Befragungen in 18 Einrichtungen durchgeführt.

Das Geschlechterverhältnis der Stichprobe beträgt bei PARTNER 4 52% weiblich zu 48% männlich[13] (bei PARTNER III 1990: 47% weiblich zu 53% männlich). Das Verhältnis der Geschlechter entspricht bei PARTNER 4 in etwa dem bundesdeutschen Durchschnitt (51% weiblich zu 49% männlich). Das Geburtenverhältnis der 2012 befragten Altersgruppen beträgt in etwa 51% zu 49% zugunsten der männlich Geborenen. Das Verhältnis verschiebt sich zugunsten der weiblichen Bevölkerung aufgrund der höheren Lebenserwartung dieser Bevölkerungsgruppe (vgl. DESTATIS – Statistisches Bundesamt, Geburten, 2013a, online).

Der Altersdurchschnitt der befragten Jugendlichen liegt 2013, wie bereits 1990, bei 17,2 Jahren. Im historischen Vergleich zeigt sich bei der Altersdifferenz, besonders im Zusammenhang mit der Bildung, ein deutlicher Unterschied. Diese Differenzen beruhen auf den verschiedenen Schulsystemen. 1990 war das Schulsystem der DDR noch

---

[13] In der PARTNER 4-Studie wurde die Frage nach der Geschlechtszugehörigkeit wie folgt gestellt: Bitte geben sie ihr Geschlecht an: 1 = weiblich, 2 = männlich, 3 = anders. Die Angabe bei Antwort drei lag weit unter einem Prozent und wird in der weiteren Auswertung vernachlässigt.

vorhanden. Im heutigen Schulsystem gibt es eine größere Vielfalt und Durchlässigkeit. Bei PARTNER 4 gibt es daher eine größere Altersstreuung als bei PARTNER III.

In der Bundesrepublik Deutschland erwerben fast die Hälfte der Schüler_innen eine Hochschulzugangsberechtigung (34% Abitur, 15% Fachhochschulreife), von den Befragten in der PARTNER 4-Studie waren 38% in der Ausbildung zum Abitur an einem Gymnasium und 16% an einer Fachoberschule (Fachhochschulreife). Mindestens einen mittleren Abschluss erreichen etwa 53% der Jugendlichen in Deutschland, in der PARTNER 4-Studie haben 49% die Schule nach der 10. Klasse verlassen bzw. befinden sich derzeit dort (vgl. Autorengruppe Bildungsberichterstattung, 2012, S. 95ff.). 16% der Jugendlichen in der PARTNER 4-Studie waren im BVJ, das entspricht n = 137 Jugendlichen (vgl. Abbildung 3).

Die PARTNER 4-Studie wurde in Ostdeutschland in den Bundesländern Sachsen-Anhalt und Sachsen durchgeführt. Die territoriale Herkunft der Jugendlichen und ihrer Eltern (Mutter/Vater) wurde nach den Kategorien »neue Bundesländer«, »alte Bundesländer« und »Ausland« erfasst. Von den in der PARTNER 4-Studie befragten Jugendlichen wuchsen 83% überwiegend in den neuen Bundesländern auf (15% in den alten Bundesländern und 3% im Ausland). Bei den Müttern der Jugendlichen waren es 62% (31%/7%) und bei den Vätern 59% (31%/10%). Der Anteil der Eltern mit einem Migrationshintergrund[14] in der PARTNER 4-Studie liegt über dem Durchschnitt der neuen Länder, aber weit unter dem bundesdeutschen. Der Anteil von Menschen mit Migrationshintergrund liegt heute in Deutschland bei etwa 19,3% (vgl. DESTATIS – Statistisches Bundesamt, Migration-Integration, 2013b, online). In den neuen Bundesländern (mit Ausnahme von Berlin) liegt dieser Wert erheblich unter dem bundesdeutschen Durchschnitt, 2011 lebten etwa 4,7% Menschen mit Migrationshintergrund in den neuen Ländern (vgl. DESTATIS, Statistisches Bundesamt, Migrationshintergrund, 2013c, online). Von den 862 Jugendlichen, die

---

14 Die Bezeichnung »Menschen mit Migrationshintergrund« wird verwendet, da es sich um die zurzeit gebräuchlichste Formulierung handelt, um Menschen mit Einwanderungsbiografie in die Bundesrepublik Deutschland zu bezeichnen. Die Gruppe der Menschen für die sich diese Bezeichnung durchgesetzt hat, ist jedoch sehr different (vgl. Yılmaz-Günay & Klinger, 2014, S. 8).

an der Studie teilnahmen, gaben n = 80 (9,3%) einen Migrationshintergrund[15] an.

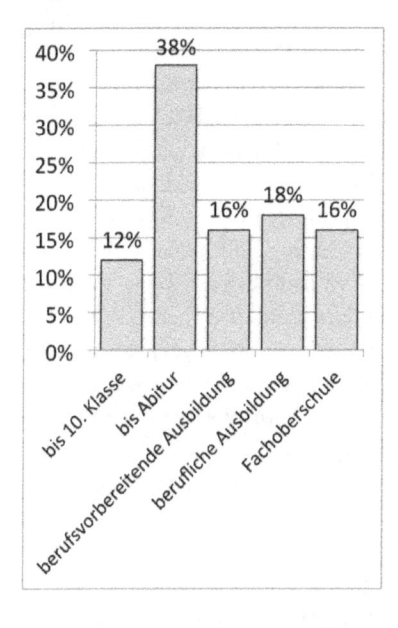

*Abbildung 3:
Ausbildungsverhältnis
der Jugendlichen (n-ka = 860)*

Bei der PARTNER 4-Studie kommen rund ein Drittel (32%) der Jugendlichen aus ländlichen Gemeinden, 38% aus Klein- und Mittelstädten und 30% aus Großstädten. Werden die Ergebnisse aus 1990 und 2013 verglichen, ergeben sich keine größeren Abweichungen in dieser Verteilung. Die Werte lassen sowohl den historischen Vergleich als auch einen Stadt-Land-Vergleich zu. In Sachsen lebt aktuell etwa ein Drittel der Bevölkerung in den drei kreisfreien Städten Leipzig, Dresden, Chemnitz (vgl. Statistisches Landesamt des Freistaates Sachsen, 2012). In Sachsen-An-

---

15 Der Migrationshintergrund in der PARTNER 4-Studie wurde durch folgende Fragestellung erfasst: Wo sind Sie bzw. Ihre Eltern überwiegend aufgewachsen? 1 = in den neuen Bundesländern 2 = in den alten Bundesländern 3 = im Ausland; Sie selbst (13a) Ihre Mutter (13b) Ihr Vater (13c); Das heißt, ein familiärer Migrationshintergrund über mehrere Generationen oder auch die Geburt von Eltern im Ausland und anschließende Einwanderung nach Deutschland im frühen Kindesalter wurde nicht als Migrationshintergrund erfasst.

halt lebt etwa ein Viertel der Bevölkerung in den kreisfreien Gemeinden Magdeburg, Halle (Saale) und Dessau-Rosslau (Statistisches Landesamt Sachsen-Anhalt, 2012, online). Der Rest der Bevölkerung lebt in den Landkreisen mit Dörfern und Klein- und Mittelstädten. In der Bundesrepublik leben etwa 50% der Bevölkerung in städtischen Gebieten (vgl. Statistisches Bundesamt – Statistisches Jahrbuch, 2012, S. 26–29). Abweichungen von PARTNER 4-Daten zum Bundesdurchschnitt bei der Verteilung ergeben und erklären sich aus den Antwortmodellen bei der statistischen Erfassung und regional bedingten Unterschieden.

In der PARTNER 4-Studie werden Jugendliche der Geburtsjahrgänge 1997 bis in die späten 1980er Jahre befragt. Dadurch ist der Anteil der Eltern, die ihre Schulbildung und beruflichen Abschlüsse im Bildungssystem der DDR erreicht oder zumindest begonnen haben, hoch (etwa 60% der Eltern sind überwiegend in den neuen Ländern aufgewachsen). 1990 hatten 34% der Eltern Hochschul- bzw. Fachschulabschlüsse, das lag damals über dem Niveau in den neuen Ländern. In der PARTNER 4-Studie hat sich dieser Anteil noch erhöht. 2013 haben etwa 50% der Eltern Hoch-, Fachhoch- bzw. Fachschulabschlüsse. Diese Veränderung liegt am höheren Bildungsniveau der Mütter. Während bei den Vätern die Verteilung auf die einzelnen Abschlüsse im historischen Vergleich annähernd gleich geblieben ist, ist der Anteil von Müttern mit Hochschulabschlüssen von 14% auf 23% gestiegen. Der Facharbeiterabschluss, über den die Hälfte der Eltern verfügen, stellt den häufigsten Abschluss dar, weil auch der Erwerb des Meisterabschlusses einen Facharbeiterabschluss voraussetzt.

Der Anteil der Eltern ohne erlernten Beruf ist bei Müttern leicht gestiegen, dadurch könnte sich zum Teil auch das Absinken bei den Facharbeiterabschlüssen von 56% auf 48% bei den Müttern erklären.

Der Anteil an gut ausgebildeten Eltern unter den befragten Jugendlichen liegt über dem bundesdeutschen Durchschnitt aller Personen im erwerbsfähigen Alter (15–64 Jahre) mit folgenden Anteilen: etwa 24% Akademiker, Techniker, Meister; 58% Berufsausbildung; 19% kein Abschluss (vgl. Gehrke & Frietsch, 2007, S. 16). Eine Differenzierung nach Familien mit Eltern (27–59 Jahre) und unter 14jährigen Kindern ergibt, dass 25% der Väter und 19% der Mütter Hochschulabschlüsse einschließlich Promotion und 12% der Väter und 8% der Mütter einen Techniker- oder Meisterabschluss haben.

Auch im Vergleich mit dieser Elterngruppe liegt das Qualifikationsniveau der Eltern in der PARTNER 4-Studie höher (vgl. Weinmann, 2010, S. 28f.).

4.3 Familiäre Herkunftsbedingungen

Bildung

In der PARTNER 4-Studie sind 6% der Mütter und 3% der Väter ohne erlernten Beruf (1990: 2% Mütter, 1% Väter). Werden die Eltern zusammengefasst nach dem höchsten Bildungsabschluss in der Familie, so haben 2% der Eltern keinen Berufsabschluss und bei rund einem Drittel der Eltern (34%) hat mindestens ein Elternteil einen Facharbeiterabschluss. Aufgrund der kleinen Stichprobengröße der Eltern ohne Abschluss wird bei dieser Gruppe von einer gesonderten Auswertung abgesehen. 16% der Jugendlichen befanden sich zum Zeitpunkt der Befragung im berufsvorbereitenden Jahr (BVJ). Wird die Ausbildung der Eltern mit dem Bildungsgang der Jugendlichen verglichen, so ergibt sich bei den Jugendlichen im BVJ ein deutlich höherer Anteil an Eltern ohne Abschluss. 20% der Mütter und 14% der Väter haben keinen Abschluss, bei jedem zehnten Jugendlichen im BVJ verfügen beide Eltern über keinen Berufsabschluss. Den größten Anteil der elterlichen Berufsabschlüsse stellen die Facharbeiterabschlüsse dar. Bei 44% der BVJ-Jugendlichen hat mindestens ein Elternteil einen Facharbeiterabschluss (davon 48% der Mütter und 50% der Väter). Im Gesamtvergleich zeigt sich, dass Jugendliche im BVJ deutlich überdurchschnittlich oft Eltern ohne oder mit Facharbeiterabschluss haben und unterdurchschnittlich oft Eltern mit höheren Abschlüssen. Jugendliche mit Migrationshintergrund besuchen zu 73% Ausbildungen zum Erwerb der Hochschulreife (53% Gymnasium, 19% Fachoberschulen) und zu 20% das BVJ. Sie sind nur mit 5% in der beruflichen Ausbildung vertreten. Dadurch liegen sie sowohl bei BVJ, aber auch bei Gymnasium und Fachoberschule (FOS) über dem Durchschnitt. Die Jugendlichen im BVJ und mit Migrationshintergrund werden bei den folgenden Auswertungen nicht nach Altersgruppen differenziert, um die Teilpopulationen nicht zu klein werden zu lassen.

Familiäre Konstellation

Über zwei Drittel der insgesamt befragten Jugendlichen wachsen bei beiden leiblichen Eltern auf. Bei Jugendlichen im BVJ trifft das nur auf 51% zu. 28% leben bei Ihrer Mutter mit neuem Lebenspartner/Stiefvater und 17% bei ihren alleinerziehenden Müttern. Damit unterscheiden sich die familiären Strukturen deutlich vom Durchschnitt.

Jugendliche, die überwiegend im Ausland aufgewachsen sind, leben zu 57% bei ihren leiblichen Eltern, wenn sowohl Mutter als auch Vater einen Migrationshintergrund haben. Hat nur der Vater einen Migrationshintergrund, leben 58% der Jugendlichen bei beiden leiblichen Eltern. Bei Jugendlichen, die in einer Familie leben, in der nur die Mutter einen Migrationshintergrund hat, steigt dieser Wert auf 70%. Bei der Zusammenfassung, dass mindestens ein Elternteil einen Migrationshintergrund hat, wachsen 59% bei beiden Eltern, 20% bei ihren Müttern und 15% bei ihren Müttern mit neuen Partnern auf. Vor allem Jugendliche im BVJ erleben mehr Patchwork-Familien als andere Jugendliche.

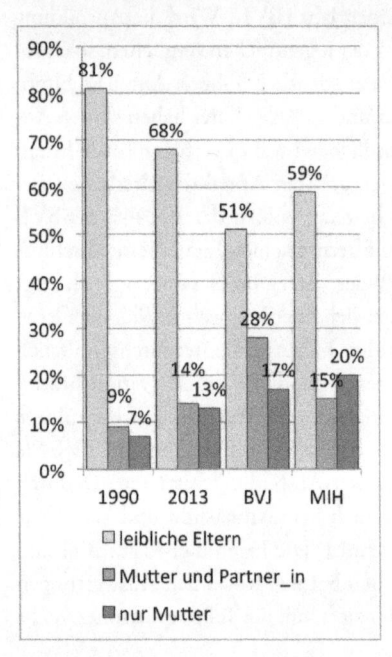

Abbildung 4:
»Bei wem sind Sie überwiegend aufgewachsen?« (n-ka = 854)

Zärtlichkeit und Gewaltfreiheit in der Familie

Die unterschiedliche familiäre Konstellation der Jugendlichen im BVJ scheint sich nicht negativ auf die empfundene liebevolle Zuwendung durch die Eltern auszuwirken. Sie liegen bei der liebevollen Zuwendung durch die Mütter und die Väter im Durchschnitt. Die liebevolle Zuwendung der Eltern untereinander schätzen sie sogar höher ein. 44% geben an, dass ihre Eltern völlig liebevoll und zärtlich zueinander sind, von den insgesamt befragten Jugendlichen geben dies nur 36% an. Jugendliche mit einem Migrationshintergrund in der Familie, geben geringere Werte an. Dass Mütter völlig liebevoll sind, sagen 54%, bei den Vätern 35%, dass die Eltern völlig liebevoll miteinander umgehen, geben hier nur 23% an.

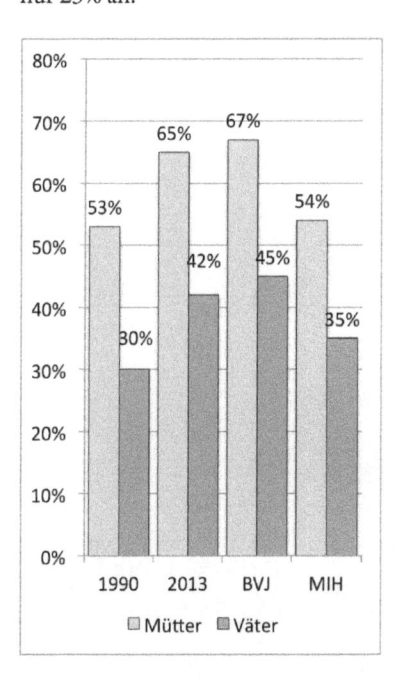

Abbildung 5:
»Mein Vater/meine Mutter war völlig liebevoll und zärtlich zu mir« (n-ka = 815/817)

Bei der gewaltfreien Erziehung ergibt sich ein ähnliches Bild. Hier liegen die Jugendlichen aus dem BVJ nur knapp unter dem Durchschnitt. Sie profitieren also ebenfalls vom Zuwachs an Zärtlichkeit und gewaltfreier Erziehung in den letzten 20 Jahren. Ein deutlicher Unterschied besteht hier zu den Jugendlichen mit einem Elternteil mit Migrationshintergrund. Nur 51% dieser Jugendlichen geben an, noch nie geschlagen worden zu sein. Im Gegensatz dazu sagen 77% aller befragten Jugendlichen, noch nie geschlagen worden zu sein. Diese Tendenz besteht auch in der Frage, ob es zwischen den Eltern zu Handgreiflichkeiten kommt. Insgesamt geben hier 81% aller Jugendlichen an, dass sie das nie erlebt haben. Bei Jugendlichen im BVJ sind es 79%, bei Jugendlichen mit Migrationshintergrund nur 62%.

Im familiären Umgang mit Zärtlichkeit und Gewalt zeigen sich deutliche Unterschiede zwischen Jugendlichen mit Eltern ohne Migrationshintergrund und Familien mit Migrationshintergrund.

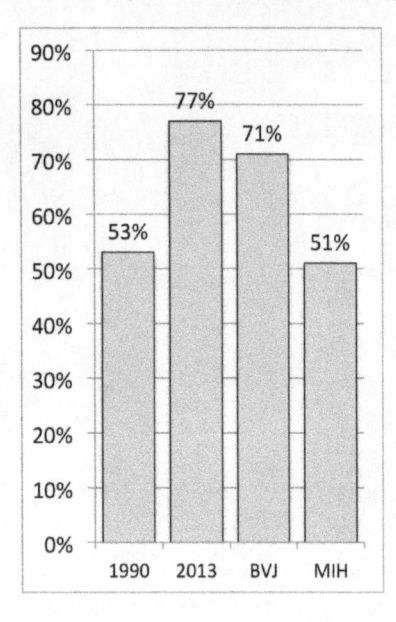

Abbildung 6:
»Ich wurde zu Hause nie geschlagen« (n-ka = 827)

Umgang mit Nacktheit

In der PARTNER 4-Studie konnte insgesamt eine Zunahme an Prüderie und eine Tabuisierung von Nacktheit festgestellt werden. Im

4.3 Familiäre Herkunftsbedingungen

historischen Vergleich gab es nach einer Liberalisierung beim Umgang mit Nacktheit in der Familie in den 1980er Jahren einen Rückgang in den letzten 20 Jahren. Nur 63% der Jugendlichen sagen von ihren Müttern, 49% von ihren Vätern, dass diese es kaum oder überhaupt nicht vermeiden, sich nackt vor ihnen zu zeigen. Heute sehen deutlich weniger Kinder und Jugendliche ihre Eltern nackt als vor über 30 Jahren.

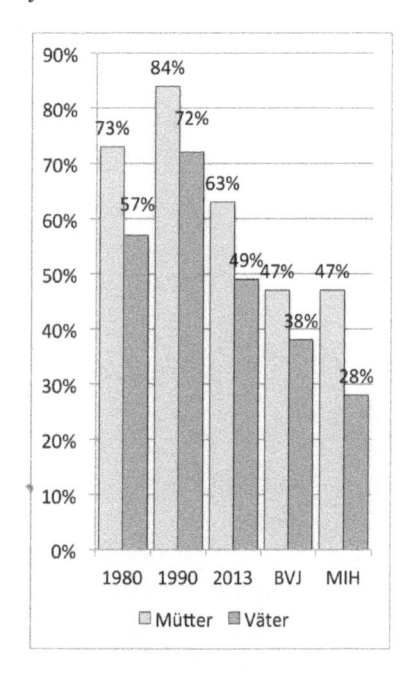

Abbildung 7:
»Meine Mutter/mein Vater vermied es kaum oder überhaupt nicht, sich nackt zu zeigen«
(n-ka = 790/783)

Bei Jugendlichen im BVJ und mit Migrationshintergrund ist dieser Rückgang noch deutlicher. Von ihnen haben nicht einmal die Hälfte der Jugendlichen ihre Eltern nackt gesehen.

Auch beim Nacktbaden in der Öffentlichkeit und bei der Nutzung von FKK-Stränden gibt es Unterschiede. Beim Nacktbaden ist insgesamt ein kultureller Wandel zu verzeichnen. Auffallend ist die besonders hohe Ablehnung der Jugendlichen im BVJ, während Jugendliche mit Migrationshintergrund im Durchschnitt liegen (vgl. Abb. 8). Jugendliche aus dem BVJ (25%) und mit Migrationshintergrund (15%) gehen weniger an den FKK-Strand. 30% aller Befragten geben an, mindestens einmal am FKK-Strand gewesen zu sein.

Kulturelle Unterschiede beim Nacktbaden zeigen sich auch im Ost-West-Vergleich. Jugendliche mit Eltern aus den neuen Bundesländern gehen deutlich öfter an den FKK-Strand (35% mindestens einmal) als Jugendliche mit Eltern aus den alten Bundesländern (25%).

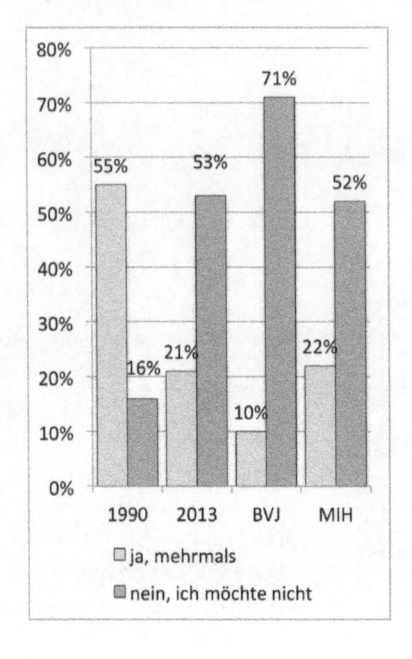

Abbildung 8:
»Haben Sie das Folgende schon ausprobiert: öffentlich nackt gebadet?« (n-ka = 832)

Familiäre Kommunikation

Die Kommunikation über Sexualität in der Familie hat im historischen Vergleich abgenommen. Besonders auffallend ist dies in den Familien der Jugendlichen im BVJ und mit Migrationshintergrund (MIH). Neben dem größeren Nacktheits-Tabu wird über Sexualität auch deutlich weniger, gar nicht oder mit gewissen Einschränkungen gesprochen.

Auf das allgemeine Verständnis mit den Eltern wirkt sich dies nur gering oder gar nicht negativ aus. 91% der Jugendlichen geben an, sich gut bis sehr gut mit ihrer Mutter zu verstehen (89% BVJ, 95% MIH) und 80% sagen dies von ihrem Vater (70% BVJ, 73% MIH). Bei der Vorbildrolle der Eltern für (künftige) Partnerschaften sagen 50% der Jugendlichen, dass sie ihre Eltern stark bis sehr stark als Vorbild sehen. Jugendliche im BVJ geben dies zu 61% an, Jugendliche mit Migrationshintergrund zu 43%.

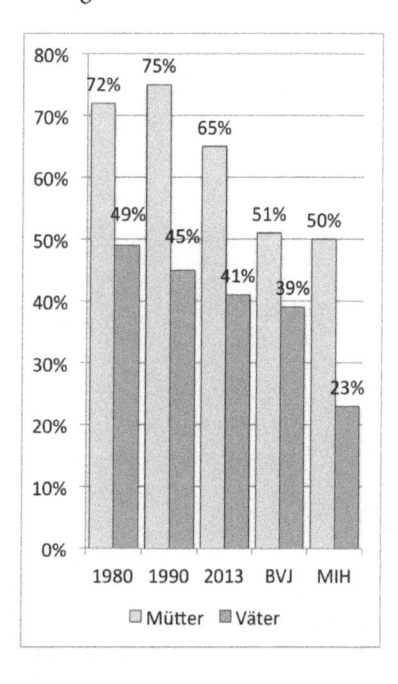

Abbildung 9:
»Mit meiner Mutter/meinem Vater konnte ich völlig oder mit gewissen Einschränkungen über alles sprechen, was Liebe und Sexualität betraf«
(n-ka = 804/797)

4.4 Einstellungen zu Sexualität

Die Akzeptanz von Homosexualität ist insgesamt gestiegen. Dies trifft sowohl auf weibliche wie männliche Homosexualität zu. Allerdings zeigen sich geschlechtsspezifisch deutliche Unterschiede. Von den weiblichen Befragten können sich 91% eine Freundschaft zu männlichen Homosexuellen und 80% zu weiblichen Homosexuellen vorstellen. Bei den männlichen Befragten geben 62% an, sich eine Freundschaft zu männlichen Homosexuellen vorstellen zu können und 80% zu weiblichen Homosexuellen. Jugendliche im BVJ sind hier deutlich weniger tolerant. Nur 47% können sich eine Freundschaft mit männlichen und 64% mit weiblichen Homosexuellen vorstellen.

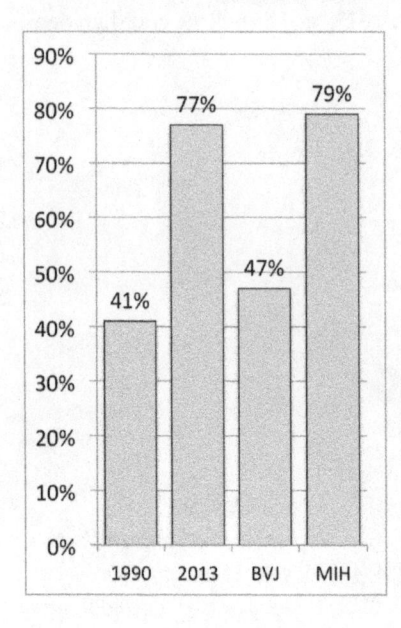

Abbildung 10:
»Ich kann mir vorstellen, mit einem männlichen Homosexuellen befreundet zu sein«
(n-ka = 825)

[Balkendiagramm: 1990: 41%, 2013: 77%, BVJ: 47%, MIH: 79%]

Auffallend ist hier, dass bei männlicher Homosexualität die Vorstellung, befreundet zu sein, von den weiblichen Befragten aus dem BVJ stärker abgelehnt wird, als bei den männlich Befragten (56%:43%). Jugendliche mit Migrationshintergrund liegen dagegen im Durchschnitt. 79% sagen dies bei männlichen, 74% bei weiblichen Homosexuellen (Durchschnitt aller Befragten 2013 80%).

Bei den Einstellungen zum Schwangerschaftsabbruch ergeben sich ähnliche Unterschiede in Bezug auf die Ablehnung. Auf die Frage, ob sie die Möglichkeit eines Schwangerschaftsabbruches in Anspruch nehmen würden, antworteten 16% aller befragten Jugendlichen mit: Nein, ich bin überhaupt dagegen. Jugendliche aus dem BVJ lehnen dies zu 37% ab, bei Jugendlichen mit Migrationshintergrund sind es 25%.

4.4 Einstellungen zu Sexualität

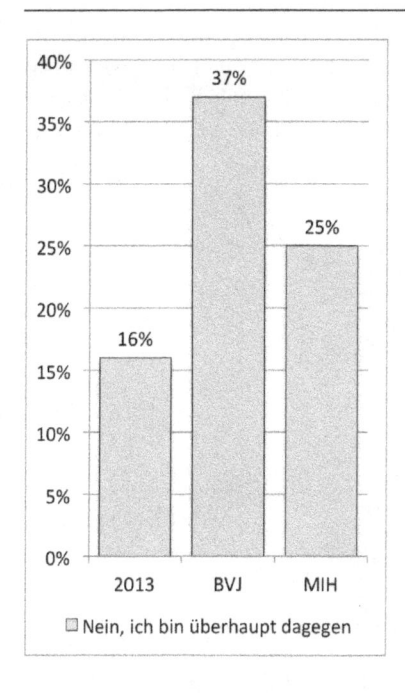

Abbildung 11:
Nutzung der Möglichkeit eines Schwangerschaftsabbruchs bei ungewollter Schwangerschaft (n-ka = 754)

Dementsprechend antworteten 29% der Jugendlichen im BVJ, dass Schwangerschaftsabbruch generell verboten sein sollte. Nur 9% der Jugendlichen mit Migrationshintergrund und 8% aller Befragten gaben diese Antwort. Im Gegensatz dazu steht allerdings, dass deutlich mehr Jugendliche aus dem BVJ selbst oder ihre Partnerin bereits einen Schwangerschaftsabbruch reell haben durchführen lassen. 17% der Jugendlichen im BVJ geben dies an, gegenüber 12% der Jugendlichen mit Migrationshintergrund und 7% der Jugendlichen insgesamt.

In diesem Zusammenhang steht die Akzeptanz von Verhütungsmitteln zur Vermeidung einer Schwangerschaft. Obwohl Jugendliche im BVJ den Schwangerschaftsabbruch sehr viel mehr ablehnen als andere, ist ihre Einstellung zu Verhütungsmitteln in der Summe ebenso ablehnend. Insgesamt missbilligen sie alle erfragten nicht natürlichen Verhütungsmethoden mehr als der Durchschnitt.

Eine höhere Akzeptanz besteht bei den natürlichen Verhütungsmethoden anhand der Berechnung der unfruchtbaren Tage, zum Beispiel nach Regelkalender oder Aufwachtemperatur. Allerdings geben sie auch überdurchschnittlich oft an, diese Methoden nicht zu kennen. Eine deutlich höhere Akzeptanz (28% gesamt zu 46% BVJ) ist auch beim unterbrochenem Geschlechtsverkehr vorhanden (Ablehnung 63% gesamt zu 38% BVJ).

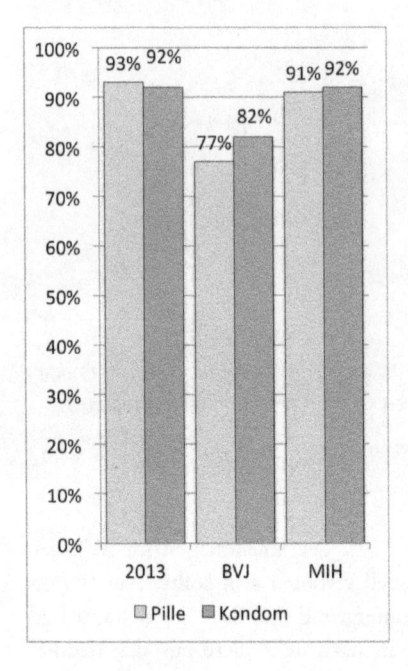

Abbildung 12:
Nutzung und Akzeptanz von Verhütungsmitteln beim ersten Geschlechtsverkehr
(n-ka = 438)

Exemplarisch werden zwei populäre Verhütungsmittel, die Pille und das Kondom, in ihrer Akzeptanz dargestellt. Bei der Pille besteht unter den Jugendlichen insgesamt eine hohe Akzeptanz. 93% akzeptieren sie als Verhütungsmittel, nur 5% lehnen sie ab. Jugendliche im BVJ akzeptieren die Pille zu 75%, 20% lehnen sie ab. Bei den Jugendlichen mit Migrationshintergrund sind es 91% Akzeptanz und 7% Ablehnung. Das Kondom akzeptieren insgesamt 92% aller Jugendlichen, 7% lehnen es ab. Die Akzeptanz bei Jugendlichen im BVJ liegt bei 82%, ihre Ablehnung bei 18%, während Jugendliche mit Migrationshintergrund das Kondom zu 92% akzeptieren und zu 4% ablehnen.

4.5 Sexuelles Verhalten

In anderen Studien zeigen sich Unterschiede hinsichtlich der Bildung und partnerschaftlichem Geschlechtsverkehr. Im Alter von 13 Jahren haben 28% der Jugendlichen im BVJ bereits ihren ersten Geschlechtsverkehr gehabt. Das ist überdurchschnittlich im Vergleich zu den Befragten dieser Studie. Nur 15% aller befragten Jugendlichen geben dies an, bei den Jugendlichen mit Migrationshintergrund sind es 19%. Bei ihrem ersten Geschlechtsverkehr haben 25% der Jugendlichen im BVJ nicht für Verhütung gesorgt. Insgesamt gaben dies 12% aller Befragten und 19% der Jugendlichen mit Migrationshintergrund an.

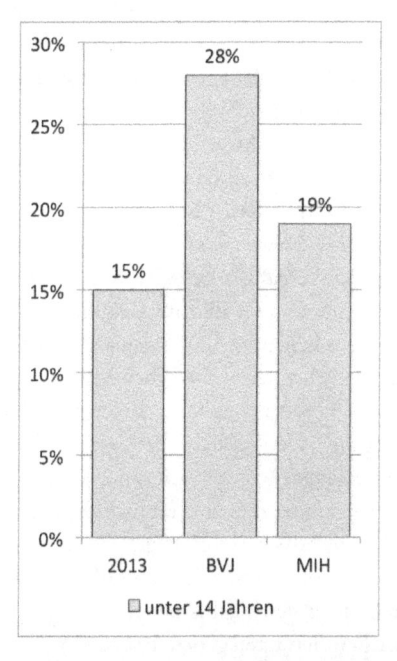

Abbildung 13:
Erster Geschlechtsverkehr unter 14 Jahren (n-ka = 781)

Dass zum Beispiel beide Partner beim ersten Geschlechtsverkehr für Verhütung gesorgt haben, traf auf 49% der Gesamtpopulation zu, bei Jugendlichen im BVJ zu 39% und bei Jugendlichen mit Migrationshintergrund zu 35%. Die Jugendlichen im BVJ und mit Migrationshintergrund vertrauen dabei häufiger auf unsichere Verhütungsmethoden. Bei der Frage zur Verhütung beim ersten Geschlechtsverkehr (Mehrfachantworten möglich) gaben 21% der Jugendlichen im BVJ und 20% mit Migrationshintergrund den unterbrochenen Geschlechtsverkehr als genutzte Verhütungsmethode an, gegenüber 12% aller Befragten. 13% der Jugendlichen im BVJ gaben die Nutzung unfruchtbarer Tage an (7% gesamt, 10% MIH). 78% der Jugendlichen im BVJ verwendeten das Kondom (83% gesamt, 81% MIH) und 55% die Pille (61% gesamt, 50% MIH). Als generelles Verhütungsmittel nutzten zum Zeitpunkt der Befragung zum Beispiel 57% der weiblichen Befragten die Pille (58% BVJ, 40% MIH).

68% der Jugendlichen aus der Gesamtpopulation hatten bereits Geschlechtsverkehr (davon 58% in den vergangenen zwölf Monaten) und 32% hatten noch gar keinen Geschlechtsverkehr. Jugendliche im BVJ gaben zu 84% an, dass sie bereits Geschlechtsverkehr hatten und zu 64%, dass sie Geschlechtsverkehr im letzten Jahr hatten. Bei Jugendlichen mit Migrationshintergrund lagen diese Werte in der Studie bei 67% generell und 52% in den letzten zwölf Monaten. Im Geschlechterverhältnis zeigen sich keine großen Unterschiede. Die Mädchen in der Studie sind etwas erfahrener und aktiver als die Jungen. 70% hatten bereits Geschlechtsverkehr gegenüber 66% der männlich Befragten. In den letzten zwölf Monaten liegt das Verhältnis bei 62% weiblich zu 52% männlich. Im BVJ zeigt sich ein anderes Bild im Geschlechterverhältnis. Hier geben 89% der männlichen und 78% der weiblichen Befragten an, schon Geschlechtsverkehr gehabt zu haben, davon im letzten Jahr 68% der männlichen zu 59% der weiblichen Befragten.

Erfahrung mit Selbstbefriedigung haben 78% der Befragten in der Studie, die Geschlechterdifferenz beträgt 66% weiblich zu 91% männlich. Die Jugendlichen im BVJ liegen unter diesen Werten, hier haben 65% Erfahrung, während sich die Jugendlichen mit Migrationshintergrund mit 76% vom Durchschnitt nicht unterscheiden. Im BVJ lassen sich nicht nur generelle, sondern auch geschlechtsspezifische Unterschiede nachweisen. Die männlichen Befragten geben hier zu 85% Erfahrung an, die weiblichen aber nur zu 29%. In den letzten vier Wochen haben sich 61% der befragten Jugendlichen selbst befriedigt. Bei den Jugendlichen mit Migrationshintergrund waren es ebenfalls 61%, bei den Jugendlichen im BVJ 47%. Es gibt einen klaren geschlechtsspezifischen Unterschied. 44% der weiblichen gegenüber 78% der männlichen Befragten gaben an, sich in den letzten vier Wochen selbst befriedigt zu haben. Bei den Jugendlichen im BVJ waren es nur 23% der Mädchen gegenüber 62% der Jungen.

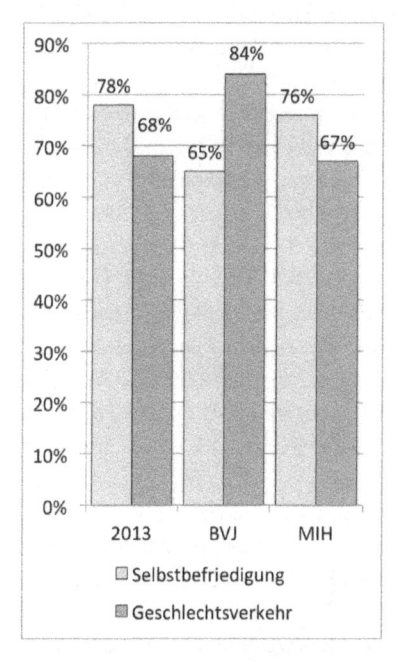

Abbildung 14: Erfahrungen mit Geschlechtsverkehr/Selbstbefriedigung sind vorhanden (n-ka = 781/795)

Der Unterschied der Masturbationserfahrung bei den Mädchen ist gravierend. Im historischen Vergleich der PARTNER-Studien ist die Erfahrung hier bei beiden Geschlechtern angestiegen. Bei den weiblichen Befragten von 17% (1980) über 41% (1990) auf 66% (2013). Bei den Jungen betrug sie 66% (1980), 82% (1990) und 91% (2013). Während die Jungen im BVJ (85%) sich nicht deutlich unterscheiden, liegen die Mädchen im BVJ (29%) weit unter Werten von 1990.

4.6 Wissen über Sexualität und Mediennutzung

Bei den Personen, die stark bis sehr stark zum Wissen über Sexualität beigetragen haben, werden Freundinnen/Freunde (71%) und die Partnerinnen/Partner (64%) am meisten genannt. Lehrer_innen (36%) und Sexualpädagog_innen (15%), aber auch die Familie haben weniger

Bedeutung: Mütter (40%), Geschwister (20%) und Väter (18%). Diese Tendenz ist bei den Mädchen und Jungen im BVJ und mit Migrationshintergrund ähnlich. Auch hier stellen Freund_innen (58% BVJ, 79% MIH) und Partner_innen (64% BVJ, 63% MIH) die Personen, die am meisten zur Aufklärung beigetragen haben.

Allerdings gaben diese Jugendlichen zum Teil deutlich häufiger an, dass Personen überhaupt nicht zum Sexualwissen beitrugen. Bei den Lehrer_innen traf diese Angabe der Jungen und Mädchen im BVJ und mit Migrationshintergrund auf 51% gegenüber 27% gesamt zu. Bei Sexualpädagog_innen machten 75% der Jugendlichen im BVJ (gesamt 68%, MIH 65%) und in der Familie: Mütter 26% BVJ und 36% MIH (gesamt: 16%), Väter 50% BVJ und 58% MIH (gesamt: 35%) diese Angaben.

Auch bei den Medien, die zum Wissen beitrugen, zeigen sich Unterschiede. Das Internet ist die meistgenutzte Quelle. 60% der Befragten (48% BVJ, 65% MIH) geben an, dass es stark bis sehr stark zum Wissen über Sexualität beigetragen hat. 53% (BVJ 36%, 58% MIH) geben diese Werte für Bücher/Printmedien und 45% (33% BVJ, 50% MIH) für Fernsehsendungen an. Dagegen zeigen sich bei durchgeführten Veranstaltungen keine Unterschiede im Vergleich zur Gesamtpopulation der Studie.

96% der Jugendlichen (94% BVJ, 95% MIH) hatten mindestens einmal Sexualaufklärung im Unterricht durch Lehrer_innen und 64% (66% BVJ, 65% MIH) durch andere Projekte und Veranstaltungen. Zu beachten ist hier die oben angegebene Diskrepanz bei den Personen wie Lehrer_innen und Sexualpädagog_innen.

Wie in anderen Studien (zum Beispiel der BZgA) zeigen sich geschlechtsspezifische Unterschiede bei der Mediennutzung. Bei Mädchen tragen Bücher/Printmedien zu 65% stark bis sehr stark zum Wissen bei, bei Jungen dagegen nur zu 39%. Das Internet wird mehr von den Jungen genutzt (75%) als von den Mädchen (46%). Die Jugendlichen im BVJ verwenden deutlich weniger Medien als Wissensquelle zu Sexualität. Dies bestätigt sich bei der Nutzung des Internets auch in den Punkten Pornografiekonsum und Mediennutzung zur Selbstbefriedigung. 81% der Jugendlichen insgesamt und mit Migrationshintergrund haben bereits einen Porno im Internet gesehen, gegenüber 70% der Jugendlichen im BVJ. Sex-Clips im Internet zur Selbstbefriedigung nutzen 41% häufig bis immer (30% BVJ, 51% MIH). Auch hier zeigen sich wieder deutliche geschlechtsspezifische Unterschiede. Die männlichen Befragten schauen mehr Pornos und nutzen mehr Sex-Clips. Die eigene Fantasie zur Selbstbefriedigung nutzen 52% der Jugendlichen insgesamt (54% MIH), aber nur 24% der Jugendlichen im BVJ häufig bis immer. Bei der Gesamtpopulation ergibt sich hier eine Verteilung leicht zugunsten der Mädchen (56% weiblich, 48% männlich). Im BVJ dominieren die Jungen mit 30% gegenüber 15% der Mädchen.

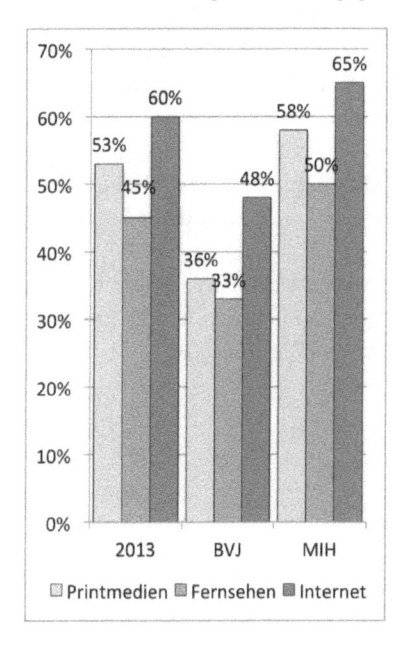

Abbildung 15:
Medien, die stark bis sehr stark zum Wissen über Sexualität beigetragen haben
(n-ka = 828)

4.7 Sexuelle Belästigungen, Übergriffe und sexualisierte Gewalt

Von den befragten Jugendlichen in der Studie haben 57% keine Erfahrungen als selbst Betroffene mit Belästigungen oder Gewalt im sexuellen Kontext gemacht. Bei den Jugendlichen im BVJ sind es 59%, bei Jungen und Mädchen mit Migrationshintergrund 47%. 17% aller befragten Jugendlichen, die Übergriffe erlebt haben, geben an, dass sie darunter stark bis sehr stark leiden. Schwerwiegende sexuelle Gewalt ist insgesamt selten, nur 3% der Jugendlichen berichten davon. 10% geben an, gegen ihren Willen zu Sex oder Zärtlichkeiten gezwungen worden zu sein. Hier gibt es keine Unterschiede zu Jugendlichen im BVJ und Jugendlichen mit Migrationshintergrund. 4% der Jugendlichen geben an, dass der erste Geschlechtsverkehr gegen ihren Willen erfolgte, bei Jugendlichen im BVJ und mit Migrationshintergrund waren es 8%.

Sexuelle Belästigungen in der Familie (3%) und durch bekannte Erwachsene (3%) sind selten, lösen aber einen stärkeren Leidensdruck aus als andere Formen der Übergriffe. Als reale Orte und Personen an denen Belästigungen und Übergriffe erlebt wurden, werden am meisten der Freizeitbereich (17%) und ältere Jugendliche (15%) genannt.

Die mit Abstand meisten Belästigungen und Übergriffe passieren im Internet. 30% der Jugendlichen geben an, Übergriffe im Internet erlebt zu haben (18% mehrfach).

Jugendliche im BVJ (31%) unterscheiden sich in diesem Punkt nicht, Jugendliche mit Migrationshintergrund geben zu 45% Erfahrungen mit Übergriffen im Netz an, davon 27% mehrfach.

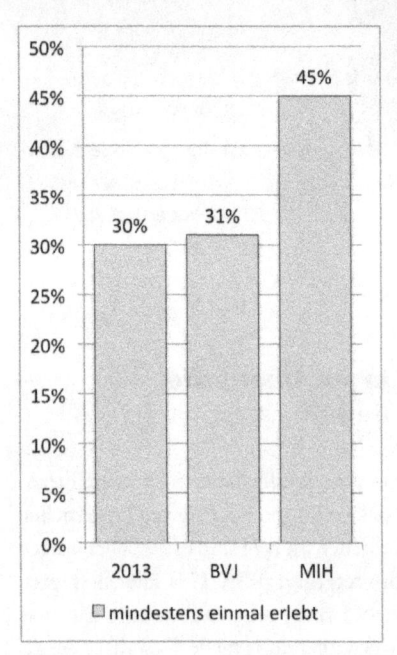

Abbildung 16:
Sexuelle Übergriffe im Internet
(n-ka = 825)

Im Internet, zum Beispiel, sind Mädchen (45%) sind insgesamt deutlich häufiger betroffen als Jungen (14%). 30% aller Befragten (33% BVJ, 14% MIH) kennen Mädchen/Frauen und 8% (13% BVJ, 7% MIH) Jungen/Männer die zum Geschlechtsverkehr gezwungen wurden. Ausgeübte schwere sexuelle Gewalt durch die Befragten ist sehr selten (unter einem Prozent). Insgesamt wurde diese Antwort von sechs männlichen Befragten bejaht (davon drei mehrmals). Fünf der Befragten waren im BVJ, zwei hatten einen Migrationshintergrund.

4.8 Zusammenfassung der Ergebnisse aus der Studie PARTNER 4

Ziel dieser gruppenspezifischen Auswertung war, die Jugendlichen im BVJ und Jugendliche mit Migrationshintergrund als mögliche Zielgruppen sexueller Bildung und Beratung in ihren Einstellungen und Verhaltensweisen im Vergleich zur Gesamtpopulation der Studie zu prüfen. Die Jugendlichen im BVJ werden hier als Vertreter der bildungsbenachteiligten Schicht gesehen. Im Durchschnitt der bundesdeutschen (Aus-)Bildung erreichen, wie oben beschrieben, über 50% der Jugendlichen Abschlüsse mit einer Hochschulzugangsberechtigung. Jugendliche im BVJ haben laut dieser Studie auch überdurchschnittlich häufig gering qualifizierte Eltern.

Die Jugendlichen mit Migrationshintergrund unterscheiden sich in ihrem Verhalten und ihren Einstellungen kaum von der Gesamtpopulation, obwohl die familiären Herkunftsbedingungen zum Teil deutlich auffällig sind. Sie wachsen weniger bei beiden leiblichen Eltern auf, jedes fünfte Kind bei alleinerziehenden Müttern. Sie erleben deutlich mehr Gewalt in der Familie, sowohl zwischen den Eltern als auch selbst als Kind, jede_r Zweite hat selbst Gewalt erlebt. Bei den Punkten liebevolle Zuwendung, Kommunikation über Sexualität und Umgang mit Nacktheit in der Familie unterscheiden sie sich stark von der Gesamtpopulation, vor allem was die Angaben zu den Vätern betrifft. Aber es zeigt sich, dass diese Jugendlichen sich bei ihren Einstellungen und ihrem Verhalten sehr oft kaum von der Gesamtpopulation unterscheiden. Dies trifft zum Beispiel bei ihrer Akzeptanz von Homosexualität, Schwangerschaftsabbruch und Verhütungsmitteln, der Nutzung von

Medien und auch bei Selbstbefriedigung und Geschlechtsverkehr zu. Sie zeigen sich aufgeklärt und aufgeschlossen. Die Jugendlichen geben mehr erlebte Übergriffe im Internet an als andere. Sie nutzen das Internet vergleichbar der Gesamtpopulation, zum Teil geringfügig mehr. Da sie insgesamt weniger sexualisierte Übergriffe (Zusammenfassung aller Indikatoren) erlebt haben, könnte dies auch als ein Zeichen höherer Sensibilität für Belästigungen und Übergriffe sowie Medienkompetenz gesehen werden. Die Jugendlichen zeigen trotz der besonderen familiären Herkunftsbedingungen, dass viele von ihnen für sich selbst in vielen Punkten die gesellschaftlich akzeptierten Werte und Normen übernehmen und sich von den familiären Einstellungen emanzipieren. Nur 43% von ihnen geben die elterliche Beziehung als Vorbild für die eigene Partnerschaft an, damit liegen sie weit unter den Werten der Gesamtpopulation. Obwohl sich der Anteil von Menschen mit Migrationshintergrund in der Studie, prozentual auf die Population bezogen, mit den Werten in den neuen Bundesländern vergleichen ließe, ist die Teilpopulation in der Studie zahlenmäßig insgesamt gering. Zu beachten ist auch der hohe Anteil (etwa drei Viertel) an Jugendlichen in Bildungsgängen, die zum Erwerb einer Hochschulzugangsberechtigung führen. Eine Verwendung der Ergebnisse im bundesdeutschen Vergleich, beziehungsweise eine Übertragung auf gesamtdeutsche Verhältnisse, ist daher, wenn überhaupt, nur bedingt möglich. Eine Schlussfolgerung, die empirisch weiter überprüft werden sollte, ist aber, dass der Zugang zu höherer Schulbildung einen positiven Effekt auf die Reflexionsfähigkeit und auf eine liberalere, zum Teil emanzipierte Einstellung zu Sexualität bei Jugendlichen mit Migrationshintergrund haben könnte. Die geringere familiäre Kommunikation und Wissensvermittlung zu Sexualität scheinen sie gut durch andere, zum Beispiel mediale Quellen auszugleichen.

Die Jugendlichen im BVJ unterscheiden sich sowohl in ihren familiären Herkunftsbedingungen als auch in ihrem Verhalten und ihren Einstellungen zu Sexualität von der Gesamtpopulation. Nur jede_r Zweite lebt bei ihren bzw. seinen beiden leiblichen Eltern, 28% bei Müttern mit neuen Partnern/Stiefvätern und 17% bei alleinerziehenden Müttern. Wird die stabile elterliche Paarbeziehung als wichtiger Indikator der Sozialisation gesehen, so scheinen diese Jugendlichen von deutlich instabileren familiären Verhältnissen betroffen zu sein. Positiv ist, dass diese sich nicht negativ auf die erlebte Gewalt und erlebte sexualisierte Gewalt auswirken. Hier unterscheiden sie sich nicht von der Gesamtpopulation. Die in der PARTNER 4-Studie festgestellte Zunahme an gewaltfreier Erziehung lässt sich auch bei ihnen bestätigen und zeigt, dass gesellschaftliche Diskurse und Veränderungen der Normen und Werte auch hier ihre Wirkung zeigen. Dies ist im Sinne der Betrachtung, wie diese in den bildungsbenachteiligten Schichten angenommen werden, positiv zu sehen. Im Zusammenhang mit anderen Einstellungen, die sich im Zuge der Liberalisierung und Emanzipation gesellschaftlich verändert haben und nicht angenommen wurden, stellt sich die Frage, ob die mögliche rechtliche und moralische Sanktionierung von Gewalt eine Rolle spielt. Dies könnte in weiteren Studien erfragt werden, um einen möglichen Zugang zu Veränderungen zu ergründen.

Stellt sich der Gewaltkontext positiv dar, zeigen sich bei den anderen beschriebenen familiären Herkunftsbedingungen teilweise drastische Unterschiede zur Gesamtpopulation der Studie. In den Familien gibt es deutlich weniger Offenheit und mehr Tabus in Bezug auf Sexualität. Im Gegensatz zu den Jugendlichen mit Migrationshintergrund scheinen sie sich nicht von der familiären Moral und ihren Werten und Normen zu emanzipieren. Im positiven Sinne könnte eingeschätzt werden, dass sie selbst ihre familiären Bedingungen gut annehmen, einschätzen und sich wohlfühlen. Die Elternbeziehung ist für über 60% ein Vorbild für die eigene Paarbeziehung. Auch die Einstellungen zu Sexualität und das sexuelle Verhalten unterscheiden sich deutlich im Sinne der Erhaltung traditionell-konservativer Werte beziehungsweise einer Retraditionalisierung. Dies lässt sich an Indikatoren wie der Einstellung zum Schwangerschaftsabbruch und der Akzeptanz von Homosexualität zeigen.

Bei beiden Auswertungen zeigen Jugendliche im BVJ eine starke Intoleranz oder Resistenz gegenüber gesellschaftlich in den vergangenen Jahren veränderten und von der Mehrheit akzeptierten Werten. Mehr als die Hälfte lehnt Freundschaften mit männlichen Homosexuellen ab. Schwangerschaftsabbruch wird von über einem Drittel generell abgelehnt und 29% geben an, dass er verboten werden sollte. Auch die Akzeptanz von sicheren Verhütungsmitteln ist bei ihnen geringer. Sie nutzen häufiger unsichere Methoden beziehungsweise geben bei den benutzten Methoden häufiger an, sie nicht richtig zu kennen. Demgegenüber steht die höhere Rate an erlebtem Geschlechtsverkehr. Mehr Jugendliche im BVJ hatten bereits Geschlechtsverkehr und mehr vor ihrem 14. Geburtstag als in den anderen Gruppen. Die geringere familiäre Kommunikation und Wissensvermittlung wird bei den Jugendlichen im BVJ durch eine insgesamt geringere Mediennutzung verstärkt. Dies wird durch die Angabe einer zeitlich gleichwertigen schulischen Sexualerziehung nicht ausgeglichen. Diese scheint die Jugendlichen nicht zu erreichen, denn sowohl Lehrer_innen als auch Sexualpädagog_innen tragen hier in der Einschätzung der Jugendlichen im BVJ viel weniger bei, als bei der Gesamtpopulation der PARTNER 4-Studie. In der Jugendsexualitätsstudie der BZgA wurde festgestellt, dass bei Jugendlichen, die zu Hause wenig Sexualaufklärung erhalten, dies auch in der Schule der Fall ist (vgl. BZgA, 2010, S. 11–39). Fast alle Wissensquellen werden deutlich weniger genutzt oder, so könnte vermutet werden, stehen weniger zur Verfügung. Die Verfügbarkeit des Internets kann durchaus mit einem geringeren sozioökonomischen Status zusammenhängen. Damit wäre zum Beispiel teilweise die geringere Akzeptanz von Verhütungsmitteln oder des Schwangerschaftsabbruchs zu erklären, da diese durchaus auch auf Wissensdefiziten beruhen könnten. Es stellt sich zwangsläufig die Frage, woher ein großer Teil der Jugendlichen im BVJ sein Wissen über Sexualität bekommt. Da auch hier Partner_innen und Freund_innen eine große Rolle spielen, scheint sich der hauptsächliche Wissenspool durch die Peer-Group selbst zu füllen. Die mögliche Gefahr dabei ist, dass sich Halbwissen mit gesellschaftlich überholten Bildern über Sexualität zu Werten verbindet, die im Gegensatz zu einer emanzipierten Sexualmoral stehen. Auch die geringere Ausübung von Selbstbefriedigung bei den Mädchen kann als Indiz für eine traditionellere Haltung und eine geringere weibliche Emanzipation betrachtet werden. Die Jugendlichen im BVJ scheinen nach den Ergebnissen dieser Studie ihre Neugier im Zusammenhang mit den festgestellten größeren Wissensdefiziten und der geringeren sexuellen Selbsterfahrung gegenüber anderen, mit aktiverem partnerschaftlichem Sex auszugleichen. Durchaus können mit dieser praktisch befriedigten Neugier und den Wissensdefiziten auch die etwas höhere Rate an ungewolltem Sexualverkehr und die angegebenen selbst durchgeführten Übergriffe zusammenhängen. Eine mögliche Erklä-

4.8 Zusammenfassung der Ergebnisse aus der Studie PARTNER 4

rung: Da es an anderen Möglichkeiten mangelt, bleibt nur das praktische Erfahrungslernen.

Insgesamt waren in der Studie die Angaben zu selbst ausgeübter Gewalt, um Geschlechtsverkehr zu erlangen, sehr gering. Die Jugendlichen im BVJ stellen hier die Mehrheit der übergriffigen Jugendlichen. Auch bei der Angabe, dass der erste Sex gegen den eigenen Willen erfolgte, liegen sie über dem Durchschnitt. Dies ist zu beachten, sollte aber nicht überbewertet werden. In einer gesonderten Studie, zum Beispiel durch eine qualitative Befragung, müssten diese Angaben überprüft und bestätigt werden. Eine Schlussfolgerung, die sich mit den Jugendlichen mit Migrationshintergrund deckt, ist, dass sich zwischen dem Besuch der Bildungsinstitution und sexuellen Einstellungen und Verhaltensweisen ein Zusammenhang findet. Hier bestätigt sich, dass sich bei einem niedrigeren Bildungsstatus bei den Jugendlichen und im Elternhaus deutlich unterschiedliche und im gesellschaftlichen Kontext nicht als positiv anzusehende Werte und Normen finden.

Nach den Ergebnissen der PARTNER 4-Studie lassen sich in beiden Gruppen – Jugendliche im BVJ und mit Migrationshintergrund – spezifische Themen für sexuelle Bildung und Beratung finden. Bei Familien mit Migrationshintergrund sind Themen die speziellen kulturell oder religiös geprägten Einstellungen und die Emanzipationsbestrebungen eines großen Teils der Jugendlichen. Besonders ist hier die Gewaltproblematik in den Paar- und Eltern-Kind-Beziehungen zu betrachten, die sich deutlich von der Gesamtpopulation in der Studie unterscheidet. Hier zeichnet sich ein Bedarf in der Eltern-Kind-Beziehung ab. Durch die Autonomiebestrebungen der Heranwachsenden und ihre Zuwendung hin zu anderen Normen und Werten sind Konflikte gerade in der Phase der Pubertät zu erwarten. Bei den Jugendlichen im BVJ scheint die Eltern-Kind-Beziehung in Bezug auf Sexualität und Partnerschaft unbelasteter zu sein. Bei ihnen sind jedoch auffällige Unterschiede in den Einstellungen und im Verhalten zu Sexualität zu finden. Sexuelle Bildung scheint sie nicht wirkungsvoll zu erreichen. Aufgabe für sexuelle Bildung und Beratung ist hier neben der direkten Wissensvermittlung und Beratung auch die Arbeit mit den professionellen Beratern (Lehrer_innen und Sozialarbeiter_innen), die im täglichen Kontakt stehen. Die Fachkräfte der Hilfen zur Erziehung könnten hier wirkungsvoll arbeiten, wenn sie sich dem Thema öffnen. Die SPFH (Sozialpädagogische Familienhilfe) ist in der Lage, gezielt mit Familien zu arbeiten, wenn sie in diesen Bereichen Defizite sieht beziehungsweise diese von anderen professionellen Fachkräften geäußert werden. Beratungsstellen haben aufgrund ihrer Struktur die Möglichkeit, mit Familien als System, mit einzelnen Ratsuchenden (auch anonym) und mit Fachkräften zu arbeiten. Dadurch können sie, was in anderen Bereichen bereits Alltag ist, auch bei der sexuellen Entwicklung der Heranwachsenden eine zentrale Position im Netzwerk einnehmen und diese bei Bedarf fachgerecht begleiten.

5 Ausblick für die Praxis der sexuellen Bildung und Beratung

Wie kann sexuelle Bildung für Familien gestaltet werden? Ich habe mich dafür entschieden, diese Frage nicht allgemein zu beantworten. Im Sinne der Struktur dieser Arbeit, die mit einer Betrachtung der Sexualkultur auf gesellschaftlicher Ebene begann und weiter eingegrenzt wurde bis zu den möglichen Zielgruppen sexueller Bildung und Beratung, möchte ich mit einer Idee für die Erziehungs- und Familienberatung enden.

Ein Angebot über eine Beratungsstelle zur sexuellen Bildung und Beratung kann neben dem direkten Erreichen der Familien auch die Fachkräfte der Kinder- und Jugendhilfe unterstützen und durch diese als Multiplikatoren wiederum die Familien. Dabei geht es nicht nur um den Schutz vor sexualisierter Gewalt, sondern um eine Förderung zu selbstbestimmter Sexualität, die wiederum eine Prävention vor Manipulation und damit auch vor sexualisierter Gewalt ist. Um nicht missverstanden zu werden: die Arbeit zu sexualisierter Gewalt ist ein wichtiger Bestandteil der Kinder- und Jugendhilfe. Dieses Thema soll nicht bagatellisiert werden, der Anteil in der Arbeit nicht geschmälert werden, doch gilt es objektiv zu urteilen. Diese Aufgabe haben Fachleute, und in ihrer Funktion müssen sie darauf achten, dass Sexualität nicht vom Gewaltdiskurs überlagert wird, sondern auch noch eine andere, eine schöne und lebenswichtige Seite hat, die es zu fördern gilt. Durch den Einsatz fachlicher Kompetenz im Bereich der Sexualität sollen einerseits Ratsuchende fachlich-inhaltlich beraten und bei der Lösungssuche konstruktiv unterstützt werden. Andererseits soll aber auch präventiv

5 Ausblick für die Praxis der sexuellen Bildung und Beratung

durch Angebote Wissen vermittelt und Bewusstsein sensibilisiert sowie Veränderungen unterstützt und begleitet werden. Folgende Ziele sollten dabei umgesetzt werden:

- günstige Lebens- und Sozialisationsbedingungen für Kinder und Jugendliche schaffen (dazu zählen auch Verbesserung und Stabilität der ökonomischen Bedingungen der Familien),
- Stärkung der Erziehungs- und individuellen Kompetenzen der Eltern und der Familie,
- Erhöhung der sozialen Kompetenzen der Familien,
- Stärkung der Fachkompetenz bei im Bereich der Kinder- und Jugendhilfe Tätigen,
- Verbesserung des fachspezifischen Wissens zum Themengebiet,
- Weiterentwicklung des Hilfesystems im Umgang mit Sexualität,
- Sensibilisierung im Umgang mit kindlicher Sexualität,
- Abbau von Tabuisierung im Bereich Sexualität,
- Medienkompetenz bei Eltern und Fachkräften erhöhen,
- Umgang mit sexueller Vielfalt, Orientierungen, Identitäten und sexuellem Verhalten.

Zielgruppen sind im Wesentlichen Eltern, Familien, Fachkräfte und Institutionen. Innerhalb dieser Zielgruppen ergeben sich weitere Differenzierungen. Eine wichtige Zielgruppe sind alleinerziehende Eltern. Dies sind, sowohl in der subjektiven als auch der objektiv-statistischen Wahrnehmung, hauptsächlich Mütter. Hier sind die Begleitung im Rahmen der geschlechtsspezifischen Sozialisation sowie eine Unterstützung im Bereich der Kommunikation zu nennen. Studien belegen, dass Jungen deutlich weniger mit ihren Müttern über Liebe und Sexualität sprechen oder diese als Wissensquelle nutzen als Mädchen (zum Beispiel BZgA, 2010; PARTNER 4-Studie, 2013). Zudem wird der »abwesende« Vater oft idealisiert, was zu einer ungünstigen männlichen Sozialisation führen kann (vgl. Linke, 2007, S. 50–69).

Ein weiterer Schwerpunkt ist die Arbeit mit jungen Eltern und kleinen Kindern. Hier kann einerseits durch die Thematisierung von Partnerschaft und Sexualität die Beziehung gestärkt werden. Auch hier zeigen aktuelle Untersuchungen (zum Beispiel PARTNER 4-Studie, 2013), dass Jugendliche oft eine traditionell-romantische Vorstellung haben, die sich in der Realität nicht oder nur schwer leben lässt. Dies stellt junge Eltern nach der Geburt eines Kindes oft vor große Herausforderungen. Hier kann präventiv an der Elternbeziehung und an den Sozialisationsbedingungen für die Kinder gearbeitet werden. Eltern, die ihre Kinder von Beginn an in der körperlichen und psychischen Entwicklung begleiten, betreiben beste Prävention. Vernachlässigungen in der frühkindlichen Phase können in späteren Entwicklungsphasen bei problematischen Verläufen in der Regel nur unzureichend korrigiert werden.

Dadurch, dass Kinder aus »armen« Familien bereits jetzt eine große Zielgruppe in der Beratung sind und diese in Anspruch nehmen (vgl. BKE, 2012a, S. 32–34), können auch soziökonomisch prekäre Familien, die oft zu den bildungsbenachteiligten Schichten zählen, erreicht werden. Als eine wichtige Aufgabe sehe ich zudem die Arbeit bei Familien mit Migrationshintergrund. Ich gehe davon aus, dass diese Familien zum Teil nur durch eine »Geh-Struktur« und Multiplikator_innen erreichbar sind. Dies ist durch die Arbeit in und mit Institutionen möglich. Hier gilt es neben einer kultursensiblen Ausrichtung der Angebote in den Einrichtungen auf ein gutes Netzwerk zu achten, wodurch Fachkräfte mit Migrationshintergrund als mögliche Multiplikator_innen erreicht werden sollen. Gerade in diesem Punkt zeigt sich eine Schwäche im bisherigen Beratungssystem. Beratung als »Komm-Struktur«, vor allem im Kontext der Jugendhilfe, richtet sich in ihrer Ausprägung zum einen immer noch überwiegend an weiße deutsche Jugendliche und deren Familien und wird von weißen deutschen Berater_innen geleistet, die der Mehrheitsgesellschaft angehören. Eine bessere Erreichbarkeit von Menschen mit Migrationshintergrund kann nur durch eine inhaltliche und personelle Veränderung erfolgen. Dadurch wäre es möglich, Beratungsangebote in einer »Komm-Struktur« zu gestalten, die auch Menschen mit Migrationshintergrund erreichen. Dies ist vor allem im Bereich der Beratungsangebote zu sexuellen Themen wichtig (vgl. Voß, 2014, Yılmaz-Günay, 2009). Dass es einen generellen Beratungsbedarf von Menschen mit Migrationshintergrund im Bereich der Erziehungs- und Familienberatung gibt und dass Beratung bei entsprechenden Angeboten auch von ihnen angenommen wird, zeigt sich zum Beispiel an der Auslastung der Leipziger Beratungsstellen: »Mit 16 Prozent Hilfeempfängern mit Migrationshintergrund bei den beendeten Hilfen 2011 nähern sich die Beratungsstellen dem Anteil von Kindern und

5 Ausblick für die Praxis der sexuellen Bildung und Beratung

Jugendlichen mit Migrationshintergrund von 19 Prozent in Leipzig weiter an (vgl. Stadt Leipzig, Sozialreport, 2011)[16]. In fünf von elf Beratungsstellen ist Beratung mindestens in einer Fremdsprache möglich. In den zwei Beratungsstellen mit interkultureller Konzeption beträgt der Anteil Hilfesuchender mit Migrationshintergrund ein Viertel bzw. mit 45 Prozent fast die Hälfte aller Ratsuchenden« (Stadt Leipzig, 2014, S. 86).

Zum Schluss noch ein paar abschließende Gedanken zum Verhältnis von Pädagogik und Sexualwissenschaft. Zum Praxisnutzen der Sexualwissenschaft schreibt Lautmann, »Wissen verändert Sexualität« und »Nichtwissen ist der stärkste Faktor sexuellen Ungenügens«, »die Sexualforschung beschreibt die Spielregeln, kleidet sie in eine Sprache und bietet Texte sowie gedankliche Übungen an« (Lautmann, 2013, S. 5). Dabei zeichnet sie sich durch eine besondere Praxisnähe aus und ihre Nutzbarkeit liegt neben anderen Punkten zum Beispiel darin, sexuelle Kompetenzen zu vermitteln oder Prävention und Verhütung zu optimieren (vgl. Lautmann, 2013, S. 6). Sexualwissenschaft ist als Disziplin aus dem aufgeklärten Bürgertum heraus vor etwa 150 Jahren entstanden, weil sich die wissenschaftlichen Hauptdisziplinen aus moralischen Gründen dem Thema der Sexualität nicht widmen wollten. Ihr Auftrag war das Befreien, Verstehen und Heilen, wie Schmidt formuliert, und sie war immer eng mit Beratung und Aufklärung (Bildung) verbunden. In Zeiten des schnellen gesellschaftlichen Wandels, der auch mit einem Wandel der sexuellen, geschlechtlichen und partnerschaftlichen Einstellungen und Verhaltensweisen einhergeht, ist sie nach wie vor als wissenschaftliche (Teil-)Disziplin aktuell, um die gesellschaftlichen Entwicklungen und deren Folgen für die Sexualität der Menschen so objektiv wie möglich zu begleiten (vgl. Schmidt, 2013, S. 7–11). Sie kann gerade in gesellschaftlich und medial sehr emotional und oft einseitig geführten Debatten, zum Beispiel bei Pornokonsum

---

16 Als Menschen mit Migrationshintergrund werden in Leipzig erfasst: »Alle Personen, die einer der folgenden Gruppen zugerechnet werden können: – Ausländerinnen und Ausländer, – alle seit 1950 über die Grenzen Deutschlands zugewanderten Personen, – Personen mit mindestens einem ausländischen, zugewanderten oder – eingebürgertem Elternteil« (Stadt Leipzig 2011, S. 78). Die angegebenen Werte beruhen auf dem Sozialreport Stadt Leipzig 2011 (Stadt Leipzig, 2011, S. 71–78).

und dessen Wirkungen auf Jugendliche, Teenager-Schwangerschaften oder sexuellem Missbrauch, die Panik und Moraldiskussionen begleiten und dämpfen. Sie hat auch die Aufgabe, Entwicklungen und Diskurse zu sexuellen, geschlechtlichen und partnerschaftlichen Themen zu beobachten und im Falle der Aufweichung erkämpfter Freiheiten (zum Beispiel bei geschlechtlicher Orientierung und Identität, der Trennung von Geschlechtsverkehr und Schwangerschaft und der Regelungen zu Schwangerschaftsabbruch) zu intervenieren. Pädagogik, Bildung und Erziehung können sich der Sexualität nicht entziehen. In den professionellen Bereich der Pädagogik gehören der ganzheitliche Blick und die Akzeptanz von Sexualität. Unterstützung kann hier die Sexualwissenschaft leisten. Veith schreibt zur Aufgabe von Pädagog_innen, sie »besteht darin, lernkulturelle Gelegenheiten herzustellen, die das individuelle Kompetenzerleben unterstützen, Anerkennung ermöglichen, Bindungen schaffen und die Entwicklung von Subjektautonomie fördern« (Veith, 2008, S. 86). Und weiter:»Pädagogik ergibt nur Sinn, wenn man die Kompetenz- und Identitätsentwicklung der Heranwachsenden fördert und sie dabei unterstützt, ihren eigenen Sozialisationsprozess reflexiv zu gestalten« (Veith, 2008, S. 86). Sexualität oder sexuelle Bildung müssen hier nicht explizit erwähnt werden, denn wird diese Definition ernst genommen, müssten sie grundlegender Bestandteil von Bildung sein.

Quellen

AMYNA e.V. (Hrsg.) (2001): *Wirksamkeit von Maßnahmen zur Prävention und Intervention im Fall sexueller Gewalt gegen Kinder. Expertise im Rahmen des Projekts »Sexuelle Gewalt gegen Mädchen und Jungen in Institutionen«*, München: DJI.
Aufenanger, Stefan (2004): *Mediensozialisation*. http://www.medienpaed.fb02.uni-mainz.de/stefan2005/Publikationen/PDF/aufenanger_mediensozialisation_cu53_04.pdf (03.05.2012).
Autorengruppe Bildungsberichterstattung (Hrsg.) (2012): *Bildungsbericht*. http://www.bildungsbericht.de/daten2012/bb_2012.pdf (09.02.2013).
Bange, Dirk & Deegener, Günther (1996): *Sexueller Missbrauch an Kindern. Ausmaß, Hintergründe, Folgen*. Weinheim: Psychologie Verlags Union.
Beckmann Dieter & Beckmann Gudrun (1996): *Vom Ursprung der Familie*. Gießen: Psychosozial-Verlag.
BKE – Bundeskonferenz für Erziehungsberatung e.V. (2012a): *Familie und Beratung – Memorandum zur Zukunft der Erziehungsberatung*. Fürth: BKE.
BKE – Bundeskonferenz für Erziehungsberatung e.V. (2012b): *Fort- und Weiterbildung – Programm 2013*. Fürth: BKE.
Bowlby, John (1975): *Bindung – Eine Analyse der Mutter Kind-Beziehung*. München: Kindler.
Böhnisch, Lothar (2004): *Männliche Sozialisation – Eine Einführung*. Weinheim und München: Juventa.
Böhnisch, Lothar & Winter, Reinhard (1997, 3. Aufl.): *Männliche Sozialisation – Bewältigungsprobleme männlicher Geschlechtsidentität im Lebenslauf*. Weinheim und München: Juventa.
BMFS – Bundesministerium für Familie, Senioren, Frauen und Jugend (2013): *Kinderbetreuung*. http://www.bmfsfj.de/BMFSFJ/Kinder-und-Jugend/kinderbetreuung.html (11.04.2013).
BRAVO – Bauer Media Group (Hrsg.) (2009): *BRAVO Dr.-Sommer-Studie – Liebe! Körper! Sexualität!* München: Bauer.
Bruckner, Elke & Meinhold-Henschel, Sigrid – Bertelsmann Stiftung – (Hrsg.) (2002): *Sozialen Problemlagen von Kindern und Jugendlichen begegnen – Daten und Fak-*

ten aus dem Projekt »Kompass-Modellkommunen«. http://www.bertelsmann-stiftung.de/cps/rde/xbcr/SID-C9995820-87611123/bst/TrendberichtSozialeProblemlagen.pdf (17.06.2013).
Bründel, Heidrun & Hurrelmann, Klaus (1999): *Konkurrenz, Karriere, Kollaps – Männerforschung und der Abschied vom Mythos Mann.* Stuttgart–Berlin–Köln: Verlag Kohlhammer.
Bundeskriminalamt (BKA) (Hrsg.) (2009): *Polizeiliche Kriminalstatistik (PKS 2009) – Kurzbericht.* http://www.bka.de/DE/Publikationen/PolizeilicheKriminalstatistik/pks__node.html, Wiesbaden (08.03.2012).
Bundeskriminalamt (BKA) (Hrsg.) (2010): *Polizeiliche Kriminalstatistik (PKS 2009) – Jahrbuch.* http://www.bka.de/DE/Publikationen/PolizeilicheKriminalstatistik/pks__node.html, Wiesbaden (08.03.2012).
Bundeskriminalamt (BKA) (Hrsg.) (2012a): *Polizeiliche Kriminalstatistik (PKS 2011) – Jahrbuch.* http://www.bka.de/DE/Publikationen/PolizeilicheKriminalstatistik/pks__node.html?__nnn=true, Wiesbaden (10.04.2013).
Bundeskriminalamt (BKA) (Hrsg.) (2012b): *Polizeiliche Kriminalstatistik (PKS 2011) – Kurzbericht.* http://www.bka.de/DE/Publikationen/PolizeilicheKriminalstatistik/pks__node.html?__nnn=true, Wiesbaden (29.04.2013).
BZgA – Bundeszentrale für gesundheitliche Aufklärung (Hrsg.) (1994): *Rahmenkonzept zur Sexualaufklärung der BZgA in Abstimmung mit den Bundesländern.* Köln: BZgA.
BZgA – Bundeszentrale für gesundheitliche Aufklärung (Hrsg.) (2003): *Forum Sexualaufklärung 4/2003 – Sexualerziehung im Kindergarten.* Köln: BZgA.
BZgA – Bundeszentrale für gesundheitliche Aufklärung (Hrsg.) (2010): *Jugendsexualität 2010 – Repräsentative Wiederholungsbefragung von 14–17jährigen Jugendlichen und ihren Eltern.* Köln: BZgA.
BZgA – Bundeszentrale für gesundheitliche Aufklärung –: *Definitionen von sexueller und reproduktiver Gesundheit.* http://www.bzga-whocc.de/bot_Seite4010.html (21.04.2013).
Conen, Marie-Luise (1999, 4. Aufl.): Sexueller Missbrauch aus familiendynamischer Sicht – Arbeitsansätze in der SPFH. In: Helming, Elisabeth, Schattner, Heinz & Blüml, Herbert: *Handbuch Sozialpädagogische Familienhilfe.* Hrsg. durch Bundesministerium für Familie, Senioren, Frauen und Jugend. Stuttgart: Kohlhammer, 382–398.
Conen, Marie-Luise (2001): Institutionen und sexueller Missbrauch. In: Bange & Körner (Hrsg.): *Handwörterbuch Sexueller Missbrauch.* Göttingen: Hogrefe, 196–201.
Conen, Marie-Luise (2005): Institutionelle Strukturen und sexueller Missbrauch durch Mitarbeiter in stationären Einrichtungen für Kinder und Jugendliche. In: Amman Gabriele & Wipplinger, Rudolf (Hrsg.): *Sexueller Missbrauch – Überblick zu Forschung, Beratung und Therapie – Ein Handbuch.* Tübingen: DGTV-Verlag, 795–807.
DESTATIS – Statistisches Bundesamt (2013a): *Geburten.* https://www-genesis.destatis.de/genesis/online/data;jsessionid=96444A14FF8A98D865EF6DDA8BC4023C.tomcat_GO_1_2?operation=begriffsRecherche&suchanweisung_language=de&suchanweisung=Geburten&x=7&y=12 (08.02.2013).
DESTATIS – Statistisches Bundesamt (2013b): *Migration-Integration.* https://www.de

statis.de/DE/ZahlenFakten/GesellschaftStaat/Bevoelkerung/Integration/MigrationIntegration.html (09.02.2013).
DESTATIS – Statistisches Bundesamt (2013c): *Migrationshintergrund*. https://www.destatis.de/DE/ZahlenFakten/GesellschaftStaat/Bevoelkerung/Integration/Migrationshintergrund/Tabellen/MigrationshintergrundLaender.html (09.02.2013).
DBSH – Deutscher Berufsverband für Soziale Arbeit e.V. (Hrsg.) (2009): *Grundlagen für die Arbeit des DBSH e.V.* Berlin und Essen: DBSH e.V.
DBSH – Deutscher Berufsverband für Soziale Arbeit e.V. (Hrsg.): *Soziale Arbeit als Menschenrechtsprofession*. http://www.dbsh.de/beruf/haltung-der-profession/menschenrechtsprofession.html (18.07.2014).
DGB – Deutscher Gewerkschaftsbund (Hrsg.) (2008): *Arbeitsmarkt aktuell – Jugendarbeitslosigkeit wird unterschätzt*. http://www.dgb-jugend.de/themen/meldungen/jugendarbeitslosigkeit_wird_unterschaetzt/data/studie-jugendarbeitslosigkeit.pdf (17.06.2013).
Diakonie Deutschland (2012): *Unterzeichnung der Leitlinien zur Prävention und Intervention sowie zur langfristigen Aufarbeitung und Initiierung von Veränderungen nach sexualisierter Gewalt durch Mitarbeiterinnen und Mitarbeiter in Institutionen*. http://www.diakonie.de/diakonie-unterzeichnet-vereinbarung-11498.html (17.04.2013).
Diakonie Deutschland (2013): *Argumentationshilfe zum Thema sexueller Missbrauch von Kindern und Jugendlichen*. http://www.diakonie-rwl.de/cms/media//pdf/publikationen/newsletter/oeffentlichkeitsarbeit/Argumentationshilfe-Missbrauch.pdf (17.04.2013).
DPW – Deutscher Paritätischer Wohlfahrtsverband (2010): Schutz vor sexualisierter Gewalt in Diensten und Einrichtungen, http://www.der-paritaetische.de/uploads/tx_pdforder/broschuere_schutz-sexuelle-gewalt_web.pdf (17.04.2013).
DRK – Deutsches Rotes Kreuz – Präsidium (Hrsg.) (2012): *DRK-Standards zum Schutz vor sexualisierter Gewalt gegen Kinder, Jugendliche und Menschen mit Behinderungen in den Gemeinschaften, Einrichtungen, Angeboten und Diensten des DRK*. http://download.jrk-baden.de/Kindeswohl/drk-standards_schutz%202012.pdf (17.04.2013).
Eckey, Barbara, Haid-Loh, Achim & Jacob, Karin (Hrsg., in Zusammenarbeit mit der Bundeskonferenz für Erziehungsberatung) (2008): *Jugend bewegt Beratung – Adoleszenz als Herausforderung und Chance für die Erziehungsberatung*. Weinheim, München: Juventa.
Enders, Ursula (2001, vollständig überarbeitete und erweiterte Ausgabe): *Zart war ich, bitter war's – Handbuch gegen sexuellen Missbrauch*. Köln: Kiepenheuer & Witsch.
Engelfried, Constance (1997): *Männlichkeiten – Die Öffnung des feministischen Blicks auf den Mann*. Weinheim und München: Juventa.
Engelfried, Constance (2000): Mit Widersprüchen leben lernen. In: Lenz, Hans-Joachim (Hrsg.): *Männliche Opfererfahrungen – Problemlagen und Hilfeansätze in der Männerberatung*. Weinheim und München: Juventa, 119–133.
Erikson, Erik (1973): *Identität und Lebenszyklus*. Frankfurt: Suhrkamp.
Erler, Michael (1996): *Die Dynamik der modernen Familie*. Weinheim und München: Juventa.

Fausto-Sterling, Anne (1988): *Gefangene des Geschlechts? Was biologische Theorien über Mann und Frau sagen*. München: Piper.
Fausto-Sterling, Anne (2000): *Sexing the Body – Gender Politics and the Construction of Sexuality*. New York: basic books.
Fegert, Jörg M. & Wolf, Mechthild (Hrsg.) (2006, 2. Aufl.).: *Sexueller Missbrauch durch professionelle Institutionen*. Weinheim und München: Juventa.
Finkelhor, David (2005): Zur internationalen Epidemiologie von sexuellem Missbrauch an Kindern. In: Ammann, Gabriele & Wipplinger, Rudolf (Hrsg.) (2005, 3. erweiterte und überarbeitete Aufl.): *Sexueller Missbrauch – Überblick zu Forschung, Beratung und Theorie*. Tübingen: dgvt-Verlag, 81–94.
Flick, Uwe, von Kardorff, Ernst & Steinke, Ines (2010, 8. Aufl.): *Qualitative Forschung. Ein Handbuch*. Reinbeck: Rowohlt Verlag.
Freud, Sigmund (2009): *Drei Abhandlungen zur Sexualtheorie*. Frankfurt/M.: Fischer Verlag.
Freund, Ulli & Riedel-Breidenstein, Dagmar (2006), Landesjugendamt Brandenburg (Hrsg.): *Kindliche Sexualität zwischen altersangemessenen Aktivitäten und Übergriffen*. Bernau: LJA. Verfügbar unter: http://brandenburg.de/media/lbm1.c.350690.de
Fried, Lilian (2001, überarbeitet 2010a): *Frühkindliche Sexualität*. https://www.familienhandbuch.de/kindliche-entwicklung/entwicklung-einzelner-fahigkeiten/fruhkindliche-sexualitat (06.06.2013).
Fried, Lilian (2001, überarbeitet 2010b): *Sexualität in Kindertagesstätten – immer noch ein Tabu?* https://www.familienhandbuch.de/kindertagesbetreuung/erziehung-im-kindergarten/sexualitat-in-kindertagesstatten-immer-noch-ein-tabu (06.06.2013).
Fried, Lilian (2001, überarbeitet 2010c): *Junge oder Mädchen – Der kleine Unterschied in der Erziehung*. https://www.familienhandbuch.de/kindheitsforschung/fruhe-kindheit/junge-oder-madchen-der-kleine-unterschied-in-der-erziehung (08.06.2013).
Frindt, Anja (2010): *Entwicklungen in den ambulanten Hilfen zur Erziehung – Aktueller Forschungsstand und strukturelle Aspekte am Beispiel der Sozialpädagogischen Familienhilfe*. München: DJI.
Gehrke, Birgit & Frietsch, Reiner (2007): *Bildungsstrukturen der Bevölkerung und Qualifikationsstrukturen der Erwerbstätigen in Deutschland und Europa*. Verfügbar unter: http://www.bmbf.de/pubRD/sdi-07-07.pdf (10.02.2013).
Gerth, Ulrich & Menne, Klaus (2010): Der Beitrag der Erziehungsberatung zur Förderung der Gesundheit von Kindern und Jugendlichen. In: Sachverständigenkommission 13. Kinder- und Jugendbericht (Hrsg.) (2010): *Mehr Chancen für gesundes Aufwachsen. Materialien zum 13. Kinder- und Jugendbericht*. München, 829–924.
Gottschalch, Wilfried (2000): Sozialisation. In: Stimmer, Franz (Hrsg.) unter Mitarbeit von: van den Boogaart, Hilde & Rosenhagen, Günter (2000, 4. Aufl.): *Lexikon der Sozialpädagogik und der Sozialarbeit*. München: Oldenbourg Verlag, 667–670.
Grundmann, Matthias (2006): *Sozialisation*. Konstanz: UVK Verlag.
Harten, Hans-Christian (1995): *Sexualität, Missbrauch, Gewalt – das Geschlechterverhältnis und die Sexualisierung von Aggressionen*. Opladen: Westdeutscher Verlag.
Hartwig, Luise & Hensen, Gregor (2008, 2. Aufl.): *Sexueller Missbrauch und Jugendhilfe*. Weinheim und München: Juventa.
Helming, Elisabeth, Schattner, Heinz & Blüml, Herbert (1999, 4. Aufl.): *Handbuch So-

zialpädagogische Familienhilfe. DJI, hrsg. durch Bundesministerium für Familie, Senioren, Frauen und Jugend. Stuttgart: Kohlhammer.

Hill, Paul B. & Kopp, Johannes (2004, 3. überarbeitete Aufl.): *Familiensoziologie.* Wiesbaden: VS-Verlag für Sozialwissenschaften.

Hofstede, Gert (2001): *Lokales Denken, globales Handeln: Interkulturelle Zusammenarbeit und globales Management.* München: Verlag C. H. Beck.

Hollstein, Walter (1999): *Männerdämmerung – Von Tätern, Opfern, Schurken und Helden.* Göttingen: Vandenhoeck und Ruprecht.

Hummel, Peter (2008): *Aggressive Sexualdelinquenz im Jugendalter – Sexualstraftaten und Körperverletzungsdelikte im Vergleich – Eine Querschnittsuntersuchung an 107 männlichen Jugendlichen und Heranwachsenden.* Berlin: MWV.

Hundsalz, Andreas (2003): Die Erziehungs- und Familienberatung – Definition, Geschichte und Rahmenbedingungen. In: Zander, Britta & Knorr, Michael (Hrsg.) (2003): *Systemische Praxis der Erziehungs- und Familienberatung.* Göttingen: Vandenhoeck und Ruprecht.

Hurrelmann, Klaus (2002, 8. vollständig überarbeitete Aufl.): *Einführung in die Sozialisationstheorie.* Weinheim und Basel: Beltz Verlag.

Institut Arbeit und Qualifikation der Universität Duisburg-Essen (2012a): *Qualifikationsspezifische Arbeitslosenquoten 1991–2011.* http://www.sozialpolitik-aktuell. de/tl_files/sozialpolitik-aktuell/_Politikfelder/Arbeitsmarkt/Datensammlung/ PDF-Dateien/abbIV40.pdf (17.06.2013).

Institut Arbeit und Qualifikation der Universität Duisburg-Essen (2012b): http://www. sozialpolitik-aktuell.de/tl_files/sozialpolitik-aktuell/_Politikfelder/Arbeitsmarkt /Datensammlung/PDF-Dateien/abbIV82.pdf (17.06.2013).

King, Vera (2000): Entwürfe von Männlichkeit in der Adoleszenz. In: Bosse, Hans & King, Vera (Hrsg.): *Männlichkeitsentwürfe – Wandlungen und Widerstände im Geschlechterverhältnis.* Frankfurt/M.: Campus Verlag, 92–107.

Lautmann, Rüdiger (2002): *Soziologie der Sexualität – Erotischer Körper, intimes Handeln und Sexualkultur.* Weinheim und München: Juventa.

Lautmann, Rüdiger (2004): *Mit dem Strom – gegen den Strom, Magnus Hirschfeld und die Sexualkultur nach 1900.* http://www.queer-nations.de/de/wissenschaft _forschung/aufsaetze/lautmann.html;jsessionid=D5EFA0BD68879FCCC221F 6603756C26E?node:attribute=pdfattach_file&.pdf (24.04.2012).

Lautmann, Rüdiger (2013): Sexualforschung kann die Wirklichkeit verändern. In: pro familia (Hrsg.) (2012): *Sexualforschung – pro familia magazin.* Frankfurt/M.: pro familia, 4–6.

Linke, Torsten (2007): *Lebensaufgabe Mann – Die Bedeutung soziobiologischer Erkenntnisse für die Männerberatung.* München und Ravensburg: Grin.

Linke, Torsten (2012): Sexualkultur – Ein Definitionsversuch/Familie als Sozialisationsinstanz/Mediensozialisation. In: Lache, Lena, Linke, Torsten & Krolzik-Matthei, Katja (2012): *Auf dem Weg zu einer neuen schulischen Sexualkultur – Qualitative Interviews mit pädagogischem Personal.* Hochschule Merseburg: unveröffentlichtes Manuskript, Fachbereich Soziale Arbeit.Medien.Kultur, 5–10, 20–24.

LJA – Landesjugendamt Brandenburg (2009): *Empfehlungen zur Sozialpädagogischen Familienhilfe.* Bernau: LJA Brandenburg, http://www.lja.brandenburg. de/media_fast/5460/Empfehlung%20SPFH.pdf (13.03.2013).

Müller, Mario (2008): Beruf: Sexualpädagoge/Sexualpädagogin. In: Schmidt, Renate-Berenike & Sielert, Uwe (Hrsg.): *Handbuch Sexualpädagogik und Sexuelle Bildung*. Weinheim und München: Juventa, 757–769.
Neubauer, Georg (2008): Sexualität im Jugendalter. In: Schmidt Renate-Berenike & Sielert, Uwe (Hrsg.): *Handbuch Sexualpädagogik und Sexuelle Bildung*. Weinheim und München: Juventa, 372–383.
Niederbacher, Arne & Zimmermann, Peter (2011): *Grundwissen Sozialisation – Einführung Sozialisation im Kindes- und Jugendalter*. Wiesbaden: VS Verlag für Sozialwissenschaften.
Nickel, Horst & Quaiser-Pohl, Claudia (Hrsg.) (2001): *Junge Eltern im kulturellen Wandel*. Weinheim und München: Juventa.
Palm, Kerstin (2010): Die Natur der Schönheit – Reflektionen zur evolutionstheoretischen Attraktivitätsforschung. In: Degele, Nina, Gramespacher, Elke, Schmitz, Sigrid & Mangelsdorf, Marion (Hrsg.): *Gendered Bodies in Motion*. Opladen: Budrich, 43–55.
PARTNER III-Studie (1990): *Sexualität und Partnerschaft der 16- bis 18jährigen Ostdeutschen im Vergleich 1980–1990*. Forschungsstelle der Gesellschaft für Sexualwissenschaft Leipzig.
PARTNER 4-Studie (2013): *Sexualität und Partnerschaft ostdeutscher Jugendlicher im historischen Vergleich*. Merseburg: Institut für Angewandte Sexualwissenschaft Hochschule Merseburg.
Paus-Hasebrink, Ingrid (2009): Mediensozialisation – Kinder aus sozial benachteiligten Familien. In: Bundeszentrale für politische Bildung (Hrsg.): *Aus Politik und Zeitgeschichte – Ungleiche Kindheit*. Bonn, 17/2009, 20–25.
Piaget, Jean (1986, 2. Aufl.): *Das moralische Urteil beim Kinde*. München: DTV.
Philipps, Ina-Maria (2010): *Wie sexuell ist kindliche Sexualität?* http://isp-dortmund.de/vortrag_Philipps_-_Kindliche_Sexualitat.pdf (17.09.2010).
Pössel, Maria (2013): *Sexueller Kindesmissbrauch – Unterscheidungsmerkmale in der soziosexuellen Entwicklung der Täter*. Diplomarbeit. Universität Leipzig, Fakultät für Biowissenschaften, Pharmazie und Psychologie, Institut II, unveröffentlicht.
Rieländer, Maximilian (2000): *Die Funktion der Familie in der Sozialisation*. http://psychologische-praxis.rielaender.de/Literatur/Familie_Sozialisation.pdf (02.03.2013).
Rohrmann, Tim (2003a): Was ist Sexen? – Geschlecht, Liebe und Sexualität als Bildungsthemen im Kindergarten. In: BZgA (Hrsg.): *Sexualerziehung im Kindergarten*. Köln: BZgA, 3–5.
Rohrmann, Tim (2003b): Anja will kein Mädchen sein – Ein Fallbeispiel aus dem Kindergarten. In: BZgA (Hrsg.): *Sexualerziehung im Kindergarten*. Köln: BZgA, 12–14.
Schmidt, Gunter (1991): *Das große Der Die Das – Über das Sexuelle*. Hamburg: rororo Sachbuch.
Schmidt, Gunter (2005): *Das neue DER DIE DAS – Über die Modernisierung des Sexuellen*. Gießen: Psychosozial Verlag.
Schmidt, Gunter (2013): Sexualwissenschaft: Freiheitsdrang und Feste der Ambivalenz. In: pro familia (Hrsg.) (2012): *Sexualforschung – pro familia magazin*. Frankfurt/M.: pro familia, 7–11.
Schmidt, Renate-Berenike (2008): Sexualität als Lebensthema im Übergang vom Ju-

gend- zum Erwachsenenalter bei Mädchen und jungen Frauen. In: Schmidt, Renate-Berenike & Sielert, Uwe (Hrsg.): *Handbuch Sexualpädagogik und Sexuelle Bildung.* Weinheim und München: Juventa, 385–398.
Schmitz, Sigrid (2006): Frauen- und Männergehirne. Mythos oder Wirklichkeit. In: Ebeling, Smilla & Schmitz, Sigrid: *Geschlechterforschung und Naturwissenschaften – Einführung in ein komplexes Wechselspiel.* Wiesbaden: VS-Verlag für Sozialwissenschaften für Sozialwissenschaften, 211–234.
Schuhrke, Bettina (1998): Kindliche Körperscham und familiale Schamregeln – Ausgewählte Ergebnisse einer Intervallstudie. In: BZgA (Hrsg.): *Kinder – Forum Sexualaufklärung.* Köln: BZgA, 8–13.
Schuhrke, Bettina (2005, 9. Aufl.), BZgA (Hrsg.): *Kindliche Körperscham und familiale Schamregeln.* Köln: BZgA.
Senat Berlin – Senatsverwaltung für Bildung, Wissenschaft und Forschung (2009): *Handlungsempfehlungen bei sexueller Gewalt gegen Mädchen und Jungen in Berlin.* http://www.berlin.de/imperia/md/content/sen-jugend/kinder_und_jugendschutz/jugend_rs_2_2009.pdf?start&ts=1361883242&file=jugend_rs_2_2 009.pdf (18.04.2013).
SGB VIII – Sozialgesetzbuch VIII: http://www.arbeitsagentur.de/zentraler-Content/A20-Intern/A201-Organisation/Publikation/pdf/Sozialgesetzbuch-Achtes-Buch-SGB-VIII.pdf (19.04.2013).
Sielert, Uwe (2004): *Sexualpädagogik weiterdenken – Von der antiautoritären Herausforderung zur Dekonstruktion postmoderner Sexualkultur.* http://www.ajs-bw.de/media/files/ajs-info/ausgaben_altbis05/sielert.pdf (23.04.2012).
Sielert, Uwe (2008): Professionalisierung in der Sexualpädagogik. In: Schmidt, Renate-Berenike & Sielert, Uwe (Hrsg.): *Handbuch Sexualpädagogik und Sexuelle Bildung.* Weinheim und München: Juventa, 727–737.
Sigusch, Volkmar (2005): *Sexuelle Welten – Zwischenrufe eines Sexualforschers.* Gießen: Psychosozial Verlag.
Stadt Leipzig, Amt für Jugend, Familie und Bildung (Hrsg.) (2007): *Fachplan Familien- und Erziehungsberatungsstellen der Stadt Leipzig 2007.* http://www.leipzig.de/imperia/md/content/51_jugendamt/broschueren_praesentationen/fachplan_erz_u._beratung.pdf (24.05.2013).
Stadt Leipzig (2011) (Hrsg.): *Sozialreport Stadt Leipzig 2011.* Stadt Leipzig.
Stadt Leipzig, Amt für Jugend, Familie und Bildung (Hrsg.) (2014): *Fachplan Familien- und Erziehungsberatungsstellen der Stadt Leipzig 2013.*
Stadt Nürnberg, Amt für Kinder, Jugendliche und Familien (2009): *Konzeption Erziehungs- und Familienberatung.* http://www.jugendamt.nuernberg.de/downloads/erziehungsberatung_konzeption.pdf (25.05.2013).
Statistisches Bundesamt (Hrsg.) (2012): *Statistisches Jahrbuch – Deutschland und Internationales 2012.* https://www.destatis.de/DE/Publikationen/StatistischesJahrbuch/StatistischesJahrbuch.html (25.02.2013).
Statistisches Bundesamt (2013): Rechtspflege, Strafverfolgung, Vollzug. https://www.destatis.de/DE/Publikationen/Thematisch/Rechtspflege/StrafverfolgungVollzug/Strafverfolgung.html (21.04.2013). Wiesbaden.
Statistisches Landesamt Sachsen-Anhalt (Hrsg.) (2012): *Bevölkerung.* http://www.statistik.sachsen-anhalt.de/bevoelkerung/prognose/index.html (25.02.2013).

Statistisches Landesamt des Freistaates Sachsen (Hrsg.) (2012): *Bevölkerung des Freistaates nach Kommunen.* http://www.statistik.sachsen.de/download/010_GB-Bev/Bev_Kreis.pdf (25.02.2013).

Stegmaier, Susanne: Grundlagen der Bindungstheorie. In: Martin M. Textor: *Kindergartenpädagogik-Online-Handbuch.* http://www.kindergartenpaedagogik.de/1722.html (03.06.2013).

Textor, Martin M.: Piagets Theorie der kognitiven Entwicklung. In: Martin M. Textor: *Kindergartenpädagogik-Online-Handbuch.* http://www.kindergartenpaedagogik.de/1226.html (04.06.2013).

Veith, Hermann (2008): *Sozialisation.* München: Ernst Reinhardt Verlag.

Voland, Eckart (2000, 2. Aufl.): *Grundriss der Soziobiologie.* Heidelberg – Berlin: Spektrum Akademischer Verlag.

Voß, Heinz-Jürgen (2011a, 3. Aufl.): *Making Sex Revisited – Dekonstruktion des Geschlechts aus biologisch-medizinischer Perspektive.* Bielefeld: transcript.

Voß, Heinz-Jürgen (2011b, 3. Aufl.): *Geschlecht – Wider die Natürlichkeit.* Stuttgart: Schmetterling-Verlag.

Voß, Heinz-Jürgen (2014): Geschlechtliche und sexuelle Zurichtungen im Kapitalismus. In: *Sozialmagazin.* Jg. 39, H. 3–4, S. 90–96.

Wanzeck-Sielert, Christa (2003): Psychosexuelle Entwicklung des Kindes und sexualpädagogische Herausforderungen. In: BZgA (Hrsg.): *Sexualerziehung im Kindergarten.* Köln: BZgA, 6–10.

Wanzeck-Sielert, Christa (2008): Sexualität im Kindesalter. In: Schmidt, Renate-Berenike & Sielert, Uwe (Hrsg.): *Handbuch Sexualpädagogik und Sexuelle Bildung.* Weinheim und München: Juventa, 363–370.

Wawrok, Silke, Klein, Susanne & Fegert, Jörg M. (2006): Forschungsergebnisse zur Problematik der sexualisierten Gewalt in Wohneinrichtungen der Behindertenhilfe und Anlage eines Modellprojektes. In: Fegert & Wolf (Hrsg.): *Sexueller Missbrauch durch professionelle Institutionen.* Weinheim und München: Juventa.

Weber-Kellermann, Ingeborg (1996): *Die Familie.* Frankfurt/M. und Leipzig: Insel-Verlag.

Weinmann, Julia (2010): *Frauen und Männer in verschiedenen Lebensphasen.* https://www.destatis.de/DE/Publikationen/Thematisch/Bevoelkerung/HaushalteMikrozensus/BroschuereFrauenMaenner0010013109001.pdf?__blob=publicationFile (09.02.2013).

Weller, Konrad (1991): *Der Partner III-Report – Jugendsexualität – Sexualität und Partnerschaft der 16- bis 18jährigen Ostdeutschen im Vergleich 1980–1990.* Teil 1 Bericht. Teil 2 Tabellenband. Leipzig: Forschungsstelle der Gesellschaft für Sexualwissenschaft.

Weller, Konrad (2010): *Sexualerziehung in der Familie.* https://www.familienhandbuch.de/erziehungsbereiche/sexualerziehung/sexualerziehung-in-der-familie (03.06.2013).

Weller, Konrad (2008): Sexualitätsbezogene Ausbildung im Hochschulstudium. In: Schmidt, Renate-Berenike & Sielert, Uwe (Hrsg.): *Handbuch Sexualpädagogik und Sexuelle Bildung.* Weinheim und München: Juventa, 739–747.

Weller, Konrad (2012): *Erziehungsberatung und Sexualität – ein Plädoyer für integrierte Beratung.* Skriptum: Vortrag auf der Fachtagung »Sexualität und Entwicklung –

Zwischen Enttabuisierung und Gefährdung« der BKE am 12.12.2012 in Frankfurt/M.

Weller, Konrad (2013a): *Studie PARTNER 4 – Sexualität und Partnerschaft ostdeutscher Jugendlicher im historischen Vergleich – Handout zum Symposium Jugendsexualität 2013*. Merseburg: Institut für Angewandte Sexualwissenschaft Hochschule Merseburg.

Weller, Konrad (2013b): *Studie PARTNER 4 – Sexualität und Partnerschaft ostdeutscher Jugendlicher im historischen Vergleich – Tabellenband*. Merseburg: Institut für Angewandte Sexualwissenschaft Hochschule Merseburg.

Wetzels, Peter (1997): *Zur Epidemiologie physischer und sexueller Gewalterfahrungen in der Kindheit*. Hannover: Kriminologisches Forschungsinstitut Niedersachsen e.V.

WHO – Weltgesundheitsorganisation (2013): *Sexuelle und reproduktive Gesundheit*. http://www.euro.who.int/de/what-we-do/health-topics/Life-stages/sexual-and-reproductive-health/news/news/2011/06/sexual-health-throughout-life/definition (21.04.2013).

Wilson, Edward O. (2013): *Die soziale Eroberung der Erde – Eine biologische Geschichte des Menschen*. München: C.H. Beck.

Winter, Reinhard (2008): Sexualpädagogik in der Jugendhilfe. In: Schmidt, Renate-Berenike & Sielert, Uwe (Hrsg.): *Handbuch Sexualpädagogik und Sexuelle Bildung*. Weinheim und München: Juventa, 585–593.

Wolf, Karin & Grgic, Mariana (2009): *Kindertagesbetreuung im europäischen Vergleich*. München: Deutsches Jugendinstitut – DJI.

Wuketits, Franz M. (1997): *Soziobiologie – Die Macht der Gene und die Evolution sozialen Verhaltens*. Heidelberg: Spektrum Verlag.

Wuketits, Franz M.(2000): *Evolution – Die Entwicklung des Lebens*. München: Verlag C.H. Beck.

Wuketits, Franz M. (2001): *Naturkatastrophe Mensch – Evolution ohne Fortschritt*. München: Deutscher Taschenbuch Verlag.

Yılmaz-Günay, Koray (2009): Andere Realitäten – gleiche Homophobie. In: *Newsletter Jugendkultur, Religion und Demokratie – Politische Bildung mit jungen Muslimen*. Nr. 11/7, S. 2–4.

Yılmaz-Günay, Koray & Klinger, Freya-Maria (2014): *Realität Einwanderung – Kommunale Möglichkeiten der Teilhabe, gegen Diskriminierung*. Hamburg: VSA-Verlag.

Zander, Britta & Knorr, Michael (Hrsg.) (2003): *Systemische Praxis der Erziehungs- und Familienberatung*. Göttingen: Vandenhoeck und Ruprecht.

Zimmermann, Peter (2006, 3. Aufl.): *Grundwissen Sozialisation*. Wiesbaden: VS Verlag für Sozialwissenschaften.

Zulehner, Paul M. & Volz, Rainer (1999, 3. Aufl.): *Männer im Aufbruch – Wie Deutschlands Männer sich selbst und wie Frauen sie sehen – Ein Forschungsbericht*. Ostfildern: Schwabenverlag.

Zulehner, Paul M. (2004): Neue Männlichkeit – Neue Wege der Selbstverwirklichung. In: Bundeszentrale für politische Bildung (Hrsg.): *Aus Politik und Zeitgeschichte*. Bonn: Ausgabe B46/2004, S. 5–12.

Psychosozial-Verlag

Helmuth Figdor
Patient Scheidungsfamilie
Ein Ratgeber für professionelle Helfer

2012 · 353 Seiten · Broschur
ISBN 978-3-8379-2218-9

Die unterschiedlichsten Professionen haben mit Scheidungsfamilien zu tun.

Doch je nach Fallgegebenheiten stehen etwa Therapeuten, Jugendamtsmitarbeiter oder Mediatoren vor verschiedenen Herausforderungen. Helmuth Figdor versteht es, ein vertieftes Verständnis der Kinder, ihrer Eltern und der Position des Helfers zu vermitteln, wodurch sich selbst für scheinbar völlig verfahrene Situationen neue Handlungsperspektiven eröffnen: fehlende oder dem Kindeswohl widersprechende Beratungsaufträge, die Arbeit mit hochstrittigen Eltern, die Durchsetzung des Besuchsrechts, die Kontaktverweigerung durch die Kinder selbst, grundsätzliche Probleme psychologischer Gutachten u.a.m.

Neben der praktischen Perspektive erläutert Figdor in einem theoretischen Teil zunächst die Bedeutung der Mutter-Vater-Kind-Triade und die Konsequenzen ihrer Erschütterung durch die Trennung der Eltern. Damit knüpft er an seine bisherigen Veröffentlichungen zum Thema Scheidung an und stellt erstmals die professionellen Helfer in den Vordergrund.

Walltorstr. 10 · 35390 Gießen · Tel. 0641-969978-18 · Fax 0641-969978-19
bestellung@psychosozial-verlag.de · www.psychosozial-verlag.de

Psychosozial-Verlag

Sabine Trautmann-Voigt,
Bernd Voigt (Hg.)

Jugend heute

Zwischen Leistungsdruck und virtueller Freiheit

2013 · 206 Seiten · Broschur
ISBN 978-3-8379-2270-7

Sind die Jugendlichen faul und computersüchtig? Sind die Alten »von gestern«, wenn sie virtuelle Zukunftswelten und extreme Killerspiele nicht verstehen oder schlicht ablehnen? Hört die Jugend heute wirklich später auf als früher: mit 30, mit 40 oder nie?

Angesichts der veränderten Lebenswelt befasst sich dieser Band mit einigen der Herausforderungen, denen sich Jugendliche gegenwärtig stellen müssen. Stress, Burnout, Depressionen und Phobien bis hin zu rasant steigenden Suizidzahlen bei SchülerInnen sind nur einige der Symptome, die nicht zuletzt durch Reformen wie G8 und Pisa ausgelöst werden. Die Schere zwischen denen, die Auslandsaufenthalte vorweisen und zum Einserabitur streben, und denen, die pessimistisch in ihre sozial benachteiligte Zukunft starren, bevor sie richtig begonnen hat, wird größer.

In dieser Leistungsgesellschaft wünschen sich viele Jugendliche mehr Nähe und Zärtlichkeit. Mitunter führt diese Sehnsucht zu Jugendschwangerschaften, die wieder eigene Schwierigkeiten nach sich ziehen. Sind dies unumkehrbare gesellschaftliche Entwicklungen oder veränderbare Trends? Die Beiträge zeigen auf, ob und wie Psychotherapeuten, Lehrer und andere die heutige Jugend mit professionellen Mitteln unterstützen können.

Walltorstr. 10 · 35390 Gießen · Tel. 0641-969978-18 · Fax 0641-969978-19
bestellung@psychosozial-verlag.de · www.psychosozial-verlag.de